Alexander Schöppner · Sagen aus Bayern

Sagen aus Bayern · Band 3 · Schwaben

ALEXANDER SCHÖPPNER

Sagen aus Bayern

SCHWABEN

Ausgewählt und illustriert von
Paul Ernst Rattelmüller

SÜDDEUTSCHER VERLAG

Mit 50 aquarellierten Zeichnungen von Paul Ernst Rattelmüller

ISBN 3-7991-6101-5

Satz: Passavia, Passau
Druck: K. Wenschow, München
Bindearbeit: Grimm & Bleicher, München

VORWORT

Über Alexander Schöppner wissen wir leider recht wenig. Am 2. April 1820 ist er in Fulda geboren. Er will Geistlicher werden und studiert an der Universität Würzburg Theologie und Philosophie. Im Alter von neunzehn Jahren tritt er in den Orden des heiligen Augustinus ein, vier Jahre später, 1843, wird er zum Priester geweiht. Im Ordensleben scheint er nicht jene Erfüllung seines Lebens gefunden zu haben, die er sich erhofft hat, denn er verläßt 1847 mit päpstlicher Erlaubnis den Orden wieder und wirkt von nun an als Studienlehrer, ab 1848 als Religionslehrer in Neuburg an der Donau, zwei Jahre später dann auch in der königlichen Haupt- und Residenzstadt München. Im deutschen Literaturlexikon von W. Kosch ist er auch als ›Folklorist‹ erwähnt, als Humorist und Epiker der seine Arbeiten zum Teil auch unter dem Pseudonym Johannes Einsiedel veröffentlicht hat. Eigenartigerweise ist seine berühmte Sammlung bayerischer Sagen dort nicht erwähnt.

Alexander Schöppner ist am 3. August 1860 im Alter von 40 Jahren in München gestorben.

Warin war ein Graf zu Altorf und Ravensburg in Schwaben, sein Sohn hieß Isenbart und Irmentrut dessen Gemahlin. Es geschah, daß ein armes Weib unweit Altorf drei Kindlein auf einmal zur Welt brachte; als das Irmentrut die Gräfin hörte, rief sie aus: »Es ist unmöglich, daß dies Weib drei Kinder von einem Mann haben könne, ohne Ehebruch.« Dieses redete sie öffentlich vor Graf Isenbart ihrem Herrn und allem Hofgesinde. »Und diese Ehebrecherin verdiene nichts anders, als in einen Sack gesteckt und ertränkt zu werden.«

Das nächste Jahr wurde die Gräfin selbst schwanger, und gebar, als der Graf eben ausgezogen war, zwölf Kindlein, eitel Knaben. Zitternd und zagend, daß man sie nun gewiß, ihren eigenen Reden nach, Ehebruchs zeihen würde, befahl sie der Kellnerin, die andern elfe (denn das zwölfte behielt sie) in den nächsten Bach zu tragen, und zu ersäufen. Indem nun die Alte diese elf unschuldigen Knäblein in ein großes Becken gefaßt, in den vorbeifließenden Bach, die Scherz genannt, tragen wollte: schickte es Gott, daß der Isenbart selber heim kam, und die Alte frug, was sie da trüge? Welche antwortete: es wären Welfe oder junge Hündlein. Laß schauen – sprach der Graf – ob mir einige zur Zucht gefallen, die ich zu meiner Nothdurft hernach gebrauchen will. Ei, ihr habt Hunde genug – sagte die Alte und weigerte sich – ihr möchtet ein Grauen nehmen, sähet ihr einen solchen Wust und Unlust von Hunden. Allein der Graf ließ nicht ab, und zwang sie hart, die Kinder zu blößen und zu zeigen. Da er nun die elf Kindlein erblickte, wiewohl klein, doch von adlicher, schöner Gestalt und Art, fragte er heftig und geschwind: weß die Kinder wären. Und als die alte Frau bekannte, und ihn des ganzen Handels verständigte, »wie daß nämlich die Kindlein seinem Gemahl zustünden, auch aus was Ursach sie hätten umgebracht werden sollen,« befahl der Graf, diese Welfen einem reichen Müller der Gegend zu bringen, welcher sie aufziehen sollte; und gebot der Alten ernstlich, daß sie wiederum zu ihrer Frau ohne Furcht und Scheu gehen, und nichts anders sagen sollte, als: ihr Befehl sei ausgerichtet und vollzogen worden.

Sechs Jahre hernach ließ der Graf die elf Knaben, adlich geputzt und geziert, in sein Schloß, da itzo das Kloster Weingarten stehet, bringen, lud seine Freundschaft zu Gast, und machte sich fröhlich. Wie das Mahl schier vollendet war, hieß er aber die elf Kinder, alle roth gekleidet, einführen; und alle waren dem zwölften, das die

Gräfin behalten hatte, an Farbe, Gliedern, Gestalt und Größe so gleich, daß man eigentlich sehen konnte, wie sie von einem Vater gezeugt, und unter einer Mutter Herzen gelegen wären.

Unterdessen stand der Graf auf, und frug feierlich seine gesammte Freundschaft: was doch ein Weib, die so herrlicher Knaben elfe umbringen wollen, für einen Tod verschulde? Machtlos und ohnmächtig sank die Gräfin bei diesen Worten hin; denn das Herz sagte ihr, daß ihr Fleisch und Blut zugegen waren; als sie wieder zu sich gebracht worden, fiel sie dem Grafen mit Weinen zu Füßen und flehte jämmerlich um Gnade. Da nun alle Freunde Bitten für sie einlegten, so verzieh der Graf ihrer Einfalt und Unschuld, aus der sie das Verbrechen begangen hatte. Gottlob, daß die Kinder am Leben sind.

Zum ewigen Gedächtniß der wunderbaren Geschichte begehrte und verordnete in seiner Freunde Gegenwart der Graf: daß seine Nachkommen sich fürder nicht mehr Grafen zu Altorf, sondern Welfen, und sein Stamm der Welfen Stamm heißen sollte. – Andere berichten des Namens Entstehung auf folgende verschiedene Art:

Der Vorfahre dieses Geschlechtes habe sich an des Kaisers Hof aufgehalten, als er von seiner eines Sohns entbundenen Gemahlin zurückgerufen wurde. Der Kaiser sagte scherzweise: was eilst du um eines Welfen willen, der dir geboren ist? Der Ritter antwortete: weil nun der Kaiser dein Kind den Namen gegeben, solle das gelten; und bat ihn, es zur Taufe zu halten.

DIE WELFENSAGE

Herzog Balthasar von Schwaben hatte Herzog Albans von München Tochter zur Ehe, die gebar ihm in vierzehn Jahren kein Kind. Da hatte der Herzog einen Jäger, dem er in allen Dingen traute; mit dem legte er's an, wenn des Jägers Frau schwanger würde, daß er es heimlich hielte, so sollte sein Gemahl thun, als ob sie schwanger wäre. Wann dann sein Weib genese, solle er das Kind bringen, und es die Herzogin für ihres ausgeben. Das geschah. Da war große Freude, und sie nannten das Kind *Bundus*. Nun hatten des Jägers Nachbarn zu derselben Nacht etwas ungeheures gehört, die fragten: was es gewesen wäre? Er sagte ihnen: seine Jagdhunde hätten *gewelfet*. Da der Knabe vierzehn Jahr alt war, da wollt er nun bei den Jägern sein; und da er in dem zwei und zwanzigsten Jahr war, starb der alte Herzog; da wollten sie dem jungen eine Frau geben, die Herzogin von Geldern. Indem schlug der Jäger einen am Hof, und wurde in den Thurm gelegt; da kam des Jägers Weib, begehrte heimlich mit dem Herrn zu reden. Das trieb sie so ernstlich, daß sie der Herr ein hieß gehn, und jedermann hinaus. Da fiel sie ihm um den Hals und sprach: herzlieber Sohn! und sagte ihm, daß der Jäger sein Vater wäre, und wie es ein Gestalt hätte ganz überall. Da erschrak er von Herzen sehr, und besandte seinen Beichtvater; der wollte ihm nicht rathen ein Weib zu nehmen, er möge dann seine Seele verlieren. Da nahm er Hugo des Herrn vom Heiligenberg Sohn zu sich, und hieß ihm die Herzogin von Geldern geben mit aller Landesherren Willen; und kam mit ihnen überein, daß dieser sein Lebtag das Herzogthum inhaben und beherrschen sollte. Herzog Bundus aber nahm viel Geld und einige liegende Güter, damit kam er ins Gotteshaus Altorf, diente Gott ernstlich neunundzwanzig Jahr. Und als er sterben wollte, besandte er Herzog Hugo und die mächtigsten Landesherren, und offenbarte ihnen weß Sohn er wäre, und den ganzen Verlauf. Da ward er geheißen Herzog *Wolf* (Welf), und also in die Gedächtniß und Jahrzahl geschrieben.

DER GLOCKENGIESSER ZU AUGSBURG

Schon im Jahre 989 stand auf dem Perlachplatze zu Augsburg ein Wartthurm, der 1036 eine Sturmglocke erhielt, da seine Lage sehr geeignet für die Feuerwache und zur Beobachtung heranrückender Feinde war. Statt dieser Glocke kam 1348 eine viel größere hinauf, zu welcher nur zwei Rathsabgeordnete den Schlüssel hatten. Sie wurde nur bei Hinrichtungen und am jährlichen Rathswahltage geläutet.

Es geht eine Sage, warum sie bei Hinrichtungen geläutet wurde. Während die Metallmassen für diese Glocke im Schmelzen waren, entfernte sich der Glockengießer und hinterließ seinem Lehrlinge den ausdrücklichen Befehl, Nichts anzurühren und Alles liegen zu lassen, wie es war. Der Meister aber ließ den Lehrling zu lange warten. Dieser hielt die Glockenspeise für reif zum Gusse, zog den Zapfen und ließ das flüssige Metall in die Form auslaufen. Das Werk gelang, aber der Meister war unterdessen gekommen und hatte im ersten Zorn über die Mißachtung seiner Befehle den Lehrling erschlagen. Als er nun für seine Missethat zum Tode geführt werden sollte, erbat er sich als letzte Gunst, die von ihm gegossene Glocke möge ihn auf seinem letzten Gange mit ihrem Schalle begleiten. Die Bitte wurde gewährt und seit der Zeit die Glocke bei Hinrichtungen geläutet.

DER STEINERNE MANN ZU AUGSBURG

Es war um die Zeit von November Anno 1634 bis März des Jahres 1635, als der bayrische Generalfeldmarschall von Wahl die Stadt Augsburg, welche von den Schweden unter Johann Georg aus dem Winkel besetzt war, belagerte. Von Tag zu Tage stieg die Noth in der bedrängten Stadt. Der kleine Vorrath von Lebensmitteln war in Kurzem aufgezehrt, so daß bereits viele Menschen dem sichern Hungertode entgegensahen. Das konnte natürlich den Belagerern nicht unbekannt bleiben, und in der That baute der feindliche General darauf seine Hoffnung baldiger Übergabe. In solcher Bedrängniß kam ein braver Bäckermeister Namens *Konrad Hackher* auf folgenden Einfall. Er nahm einen stattlichen Laib Brod, ging auf der

Stadtmauer spazieren und zeigte ihn lustig und singend den vor den Wällen gelagerten Feinden. Darob geriethen die Soldaten, so sich dessen gar nicht versehen hatten, in Wuth und richteten alsobald eine Feldschlange nach dem Verwegenen. Leider traf die Kugel und riß dem Braven den Arm mit dem Brodlaibe weg, so daß er wenige Tage darnach verschied. Seine Mitbürger aber ließen zum Andenken einen steinernen Mann mit einem Laib Brode aufstellen, wie solcher noch heutiges Tags am untern Graben in Augsburg zu sehen ist.

Zu Augsburg hat ein Bürger
Ein Töchterlein gar hold;
Hat himmelblaue Aeuglein
und Locken hell, wie Gold.
Die schöne Philippine ward,
Das Töchterlein geheißen,
So wunderbarer Art.

Es war von guten Sitten
Und fromm und klug dabei;
Man hätte drauf geschworen,
Daß es von Ahnen sei;
Hatt' einen Hals, wie Schnee so rein,
Man sah's, wenn durch die Adern
Ihm floß der rothe Wein.

Ein Herzog kam gezogen
Zum Reichstag in das Land;
Dem Dirnlein ward gewogen
Der Herzog Ferdinand;
Er war erst neunzehn Sommer alt;
Da wuchs in seinem Herzen
Die Liebe mit Gewalt.

»Bist du mein liebes Mägdlein?« –
Das Mägdlein sprach: »Bin dein!«
Da segnet bald ein Priester
Den Bund im Stillen ein.
Des Herzogs Vater zürnt wohl sehr;
Sechs Jahre ließ er sich bitten,
Dann zürnt er nimmermehr.

Dann haus't auf seinem Schlößlein
Zu Ambras in Tirol
Mit seiner Philippine
Der Herzog recht und wohl;
Da gab es Lieb und Lust im Haus,
Die heitern Minnesänger
Die zogen ein und aus.

Da ward gar viel turnieret,
Der Kunst gar treu gepflegt,
Gar manche That vollführet,
Gar mancher Keim gehegt;
So ging es dreißig Jahr und eins,
Da fand der Tod ein Ende
Des treuen Herzverein's.

Das Glück der Philippine
Hat manchen Fant gekränkt,
Drum heißt es, daß im Bade
Die Neider sie ertränkt;
Ich mein', da sorgt der Himmel für,
Daß nicht so schlimm verderbe
Der Schönheit edle Zier.

DIE SAGE VON DER WEHMUTTER

Ein verwünschtes Gespenst zu Augsburg ist die Wehmutter, welche vor Zeiten die neugebornen Kinder heimlich im Namen des Teufels getauft hat. Man sagte, sie lasse sich in Gestalt eines Kalbes sehen, welches blöckend auf der Straße liege. Die Leute hüteten sich, solches Blöcken nachzumachen, weil man glaubte, sich dadurch die Wehmutter ins Haus zu ziehen.

Else von Egen oder Argon, des Rehlingers Wittwe, ward um ihrer Schönheit willen von manchem Freier bedrängt. Endlich bot sie dem Ritter Marquard von Schellenberg ihre Hand. Als nun der Brautzug nach Seifriedsberg, dem Schlosse Marquards, daherzog, lauerte Kunz von Villenbach, ein verschmähter Liebhaber, mit zweihundert Reisigen im Walde bei Usterbach, des Willens, dem Schellenberger die Braut mit Gewalt zu rauben. Der Brautzug mit vielen Wägen, nur von etlichen vierzig Reitern geleitet, hatte sich zu Gessertshausen, wo gerastet und in der Kirche gebetet wurde, verspätet, und war bei anbrechender Nacht weiter aufgebrochen. Das Brautpaar befand sich von Fackeln umgeben in der Mitte des Zuges. So gelangten sie in den Wald von Usterbach, an die Stelle, wo der Villenbacher im Hinterhalt lauerte. Da fliegt ein Pfeil aus dem Dickicht und in demselben Augenblicke sinkt der Schellenberger neben der Braut todt vom Pferde. Darauf stürzte der Villenbacher hervor, bemächtigte sich der schönen Wittwe, und brachte sie gebunden nach seiner Burg.

Diesen Mord und Straßenraub rächte Elsens Bruder, Peter von Argon, welcher damals Bürgermeister in Augsburg war. Er vermochte den Rath zu dem Beschlusse, die Burg, von welcher so viel Unheil ausging, zu brechen. Die Reichsstadt bot demnach ihre Söldlinge zum Zuge und zur Belagerung von Villenbach auf; an ihre Spitze trat ein von Else gleichfalls Verschmähter, Hans von Königseck, der sich indeß großmüthig auf seine Burg zurückgezogen hatte. Dieser lagerte sich vor Villenbach und forderte den Kunz auf, die Geraubte herauszugeben und wegen des Todtschlags und Straßenraubs Schadenersatz zu leisten. Der Antrag wurde zurückgewiesen, darauf die Burg bestürmt. Kunz wehrte sich tapfer, erst beim dritten Sturme gelang es den Belagerern, die Burg zu erobern.

Während der Belagerung war Else, da sie Kunzens Anträge standhaft zurückwies, in ein Burgverließ gebracht

worden; man hatte ihr noch acht Tage Bedenkzeit gestattet. In dem Augenblicke der Erstürmung schleppte sie Kunz sammt seinen Schätzen durch einen geheimen Gang aus der Burg und führte sie geknebelt von dannen.

Als Hans von Königseck die Burg leer fand, vertheilte er seine Reisige in Rotten zu zehn Pferden und ließ den Flüchtling nach jeder Richtung verfolgen. Es währte aber nicht lange, da erreichte Hans selbst in dem Walde gen Boxberg die Fährte des Flüchtigen und stieß ihn in dem Augenblicke nieder, als dieser zum Morde der schönen Else sein Schwert gezogen hatte.

Darnach wurde die Burg Villenbach in Brand gesteckt und zerstört, Else aber zu ihren Verwandten und ihrem Kinde aus erster Ehe nach Augsburg gebracht. Dort reichte sie ihrem Befreier die Hand.

Noch erhält sich die Volkssage von der Belagerung und Zerstörung der Burg Villenbach in der Umgegend und noch sind die Leute nach Schätzen lüstern, welche Kunz bei seiner schnellen Flucht nicht mit fortschaffen konnte.

»WO GEHTS BOBINGEN ZU?«

Drei Stunden südlich von Augsburg an der sogenannten Hochstraße liegt das große und schöne Dorf Bobingen. Da ist es aber nicht gut fragen: »wo geht es Bobingen zu?« und gar Manche haben darob nicht selten blutige Köpfe heimgetragen; zum mindesten wird Einer mit Schimpf und Spott und den lästerlichsten Reden traktirt, er mag nur fragen, wen er immer will. Dieß kommt nun daher. Es war einmal vor langer Zeit ein Bursche von Bobingen zu Gericht belangt, welchen eine Dirne als Vater ihres Kindes angegeben hatte. Der Beklagte wendete sich an einen Advokaten in Augsburg, der im Rufe stand, daß er Alles »durchfechten« könne. Dieser gab ihm den Rath, sich vor Gericht blödsinnig zu stellen und auf jede an ihn gerichtete Frage die Antwort zu geben »Bobingen zu«, und dabei mit der rechten Hand unter der Nase von der rechten nach der linken Seite zu zeigen. Er that genau wie ihm gerathen war, und wurde, da weder ein Eingeständniß noch etwas Anderes aus ihm zu bringen war, vom Gerichte entlassen. Nach einiger Zeit kommt er Geschäfte halber in die Stadt und begegnet dem Advokaten, der ihn neugierig um den Ausgang fragte. Nachdem er den glücklichen Erfolg gehört, sagte er: »Nun ist's aber an dir, mich für diesen Rath zu belohnen; ich verlange für meine Bemühung nur zwei Karolin.« Der Bursche aber warf dem Verblüfften ein »Bobingen zu« hin, bog um das Straßeneck und läßt seit der Zeit den Advokaten auf seinen Lohn warten.

DIE HEXE DES ATTILA

Durch des deutschen Landes Gauen
Brauset Etzels wildes Heer,
Schäumend gleich der Brandung Wogen,
Zahllos wie der Sand am Meer.

Gegen Augsburg wälzt die Horde
Mordbegierig sich heran,
Gleich dem Lavastrome sengend,
Was sie trifft auf ihrer Bahn.

An des Lechs Gestade lagert
Sich des Hunnenkönigs Schaar,

Und von Stund' zu Stunde dräuet
Immer näher die Gefahr.

Schon durchstöhnet Augsburgs Gassen
Ein entsetzlich Klaggeschrei,
Gleich als ob des Weltgerichtes
Großer Tag gekommen sei.

Auf den Knieen fleht die Menge
Um Errettung von dem Tod,
Doch zu rathen zeigt sich Keiner
Noch zu retten aus der Noth.

Sieh! da naht ein häßlich altes
Grauenvolles Mütterlein,
Weniger ein lebend Wesen,
Als Skelett von Haut und Bein.

»Was verzagt ihr, feige Seelen?
Euch zu helfen bin ich da,

Bringt mir einen alten Klepper
Und ich schlag' den Attila!«

Schleunig war der Gaul gefunden
Und sie schwingt sich nackend drauf,
Nach dem Heer des Hunnenkönigs
Richtet sie des Kleppers Lauf.

Nackten Leibes, bleich und hager
Hängt das grauenvolle Weib
Auf der Mähre und es fliegen
Schlangenhaare um den Leib.

Aus den hohlen Augen grinset
Das Entsetzen selbst hervor
Und die Krallenhände recken
Mordbegierig sich empor.

Also nimmt das Volk der Hunnen
Jetzt der nackten Hexe wahr,
Hu! wie fährt es durch die Glieder,
Sträubt zu Berge sich das Haar!

Alles rennet, rettet, flüchtet
Durcheinander Mann und Roß,
Wie von Wirbelwind ergriffen
Fleucht des Hunnenkönigs Troß.

Was kein Heldenschwert vermochte
Wider Etzel in der Schlacht,
Hat zu Augsburg eine Hexe
Heldenmütig einst vollbracht.

Darum sei der wackern Hexe
Angedenken hoch und werth
Und von Männern wie von Frauen
Augsburgs heute noch geehrt.

DER HEILIGE ULRICH MIT DEM FISCH

Einmal saß der heilige Ulrich in stiller Zelle des St. Afrastiftes zu Augsburg, vertieft in dem Lesen der heiligen Schriften. Da läutet es an der Pforte des Hauses, und Konrad, des Bischofs lieber Bruder von Konstanz, ward angemeldet. Freudigen Herzens umarmte ihn der Bischof, weil er ihn lange nicht gesehen, und unterhielt sich mit ihm in vertraulichen Gesprächen. Auch wurde ein mäßiges Mahl bereitet, den willkommenen Gast zu erfrischen. Während sie noch bei Tische saßen, kam ein Bote des Herzogs von Bayern, welcher ein Schreiben seines Herrn überbrachte. Der Bischof befahl, den Boten auf's

beste zu bewirthen und ließ ihm, im Augenblicke nicht bedenkend, daß Fasttag war, gebratenes Fleisch vorsetzen. Der Bote ließ sich das schmecken, und nahm auch soviel davon mit auf die Reise, als er konnte. Unterwegs aber bedachte er, wie er den frommen Bischof von Augsburg in der guten Meinung und Achtung seines Herzogs herabsetzen sollte. Also begab er sich mit dem noch übrigen Stück von Braten an den Hof und zeigte es seinem gnädigen Herrn mit den Worten: »Sehet doch her, das sind die Fastenspeisen des frommen Ulrich zu Augsburg!« In dem Augenblick aber, da ihm das Wort entfahren, hielt er keinen Braten, sondern einen gebratenen Fisch in Händen, also daß er selbst vor Bestürzung kaum seinen Augen traute. Der Herzog aber erkannte wohl das Gottesgericht, wodurch die Ehre des frommen Bischofs gerettet, die Schande des Verläumders aber aufgedeckt worden. Der Diener bereute es jedoch von Herzen, einen Heiligen Gottes gelästert zu haben, und bat den Herzog kniefällig um Verzeihung.

Zum Angedenken an diese Begebenheit wurde der heilige Ulrich allezeit auf Bildwerken mit einem Fischlein in der Hand vorgestellt.

TODTENWIES UND ESELSBURG

Im Jahre 955 lagerten sich die Ungarn oberhalb Augsburg. Kaiser Otto mit seinem tapfern Heere bot ihnen die Schlacht an. Der heilige Ulrich betete um den Sieg und zog selbst mit in den heißen Kampf. Endlich mußten die wilden Horden erliegen, die Mehrzahl wurde niedergehauen, ein großer Theil ertrank im Lech und der letzte Rest wurde von den wüthenden bayerischen Bauern, die

Alles durch sie verloren hatten, drei Stunden unterhalb Augsburg erschlagen. Der Ort, wo dieß geschah, hieß die *Todtenwiese*, daselbst nun heutiges Tages das Pfarrdorf *Todtenwies*. Nicht weit davon erheben sich auf waldigem Berge die Trümmer der *Eselsburg*, so genannt, weil ein Esel in hölzernem Kessel das Wasser täglich in die Burg tragen mußte. Hier hauste der Ritter Greimold, ein Schrecken der schwäbischen Nachbaren und der Augsburger Kaufleute, die keinen Geleitsbrief von ihm eingelöst hatten. Derselbige gedachte zu heirathen, allein bei allen Burgen und Schlössern, wo er anklopfte, erhielt er abschlägige Antwort. Da hörte er von der Schönheit Jukundens, der lieblichen Tochter Seyfrieds des Killenthalers. Alsbald ließ er sich ihr zum Gemahl antragen, erhielt aber, wie immer, auch hier einen Korb. Zornentglüht sann er auf Rache. Ein treuloser Diener ward bestochen, der öffnete in rabenschwarzer Nacht ein Burgthörlein und Greimold raubte die züchtige Jungfrau und führte sie auf sein Schloß. Allein Jukunde sträubte sich, einem Manne die Hand zu reichen, der weitum als Räuber verrufen war. Greimold warf sie kurzen Entschlusses in's Burgverließ. Doch sein Maß war voll. Der Himmel verhüllte sich, fürchterliche Blitze fuhren hernieder, ein Strahl zündete in der Burg und begrub den Frevler unter seinem eigenen Dache. Jukunde aber wurde durch einen Engel befreit und kehrte unversehrt in ihre väterliche Burg zurück. Noch sehen Mauertrümmer vom steilen Hügel aus Tannenwipfeln in's breite Lechthal hinab, noch sind die Schätze nicht erhoben, welche in der Burg vergraben liegen; aber nur mit Grauen nähert sich der Landmann der unheimlichen Stätte und bekreuzt sich vor dem bösen Geiste des Ritters, der noch in den Trümmern der alten Burg umgeht.

Im Jahre 1602 lebte Frau Regina von Imhof, geborne Bämlin auf Reinhardshausen, Wittwe des Raimund von Imhof, Patriziers und Bürgermeisters in Augsburg, auf ihrem Lehngut Untermeitingen. Eine besondere Andacht zur Mutter Gottes veranlaßte diese edle Frau zu dem frommen Entschlusse, eine Kapelle zu Ehren Mariä Hilf zu erbauen. Lange Zeit konnte sie nun über den Platz mit sich selbst nicht einig werden, auf welchem sich die neue Stiftung erheben sollte. Endlich ergab sich, nach einer bis auf unsere Zeiten fortgepflanzten Sage, folgendes Ereigniß.

Die edle Frau hatte sich einst bei Nacht und Nebel auf einer Rückreise von Augsburg nach Untermeitingen auf der weiten Ebene des Lechfeldes verirrt. In der Angst ihres Herzens versprach sie in stillem Gebete der Mutter Gottes dort eine Kapelle zu bauen, wo sie den Weg nach ihrem Schlosse finden würde. Kaum hatte sie bei sich dieses feierliche Versprechen gethan, als der frommen Frau aus finsterer Nacht die Lichter ihres benachbarten Schlosses entgegen schimmerten, worauf sie hocherfreut alsogleich ihrem Kutscher befahl, auf diesem Platze seine Peitsche in die Erde zu stecken. So entstand nun bald darauf das Kirchlein Mariä Hilf auf dem Lechfelde, die hohe Stifterin aber gebot auf Anrathen ihres aus Italien rückkehrenden Sohnes Leonhard von Imhof, der Kapelle die Form der Kirche von Maria Rotonda in Rom zu geben. Den 9. April im Jahre 1603 wurde der Grundstein gelegt. Fromme Sage behauptet, daß Frau Regina von Imhof die Errichtung des Hochaltares, wie er noch heutigen Tages steht, nach dem Vorbilde dreier nächtlicher Visionen selbst angegeben habe.

Der Spielmann von Blonnhoven
Zog unter Sauß und Brauß
Von einer lust'gen Kirmeß
Bei Nacht zurück nach Haus.

Am Weg fand er 'ne Schenke,
Die sonst nicht dorten war,
Und Lichter brannten drinnen,
Aufflackernd wunderbar.

Und Leut' in närrischen Trachten
Bewegten sich hier und dort,
Die tobten, sprangen und lachten
Und sprachen dabei kein Wort.

Als sie den Spielmann sahen,
Erfaßten sie seine Hand
Und machten demselben ein Zeichen,
Das er sogleich verstand.

Drob geigt er einen Walzer;
Sie tanzten federleicht,
Da er ihn hatte geendigt,
Ward ihm viel Gold gereicht.

Doch Paar um Paar verschwand dann,
Das Wirthshaus wurde leer,
Und Morgens Früh da fand man
Auch's Wirthshaus selbst nicht mehr.

Statt dessen war der Spielmann
Auf den Galgen hingestellt,
In den Händen hatte er Scherben,
Die waren das goldne Geld.

Weit auf und ab im Wertachthale schaut die Kirche vom Sankt Georgenberge bei Kaufbeuren, wo schon die Römer eine Niederlassung hatten, an deren Stelle eine mittelalterliche Burg gestanden sein soll, von der jetzt aber nichts mehr zu sehen ist. Von dieser Burgruine geht folgende Sage. Lange Zeit, nachdem die Burg zerfallen, sei ein unterirdischer Gang sichtbar gewesen, der in die Gewölbe der Burg geführt, wo ungeheure Schätze aufgehäuft lagen, von einer Jungfrau bewacht, daher dieser Gang im Munde des Volkes das »Jungfernloch« hieß. Einstmals seien etliche Hirten beim Eingange zusammengekommen und da hätten sie einen aus ihrer Mitte hineingeschickt. Nach langem, langem Wandern sei er in ein prächtig beleuchtetes Gewölbe gekommen, auf dessen Boden lauter Kisten mit funkelndem Gelde gestanden, indeß auf einem goldenen Stuhle eine schöne Jungfrau saß, die sich über seine Ankunft zu freuen schien. Sie habe mit der Rechten gewinkt, er solle nur nehmen, was er wünsche; der Hirtenknabe aber habe nur um so viel gebeten, daß er sich eine neue Geisel kaufen könnte und habe auch nicht mehr mitgenommen, worüber die Jungfrau laut geweint habe. Als er wieder herausgekommen, hätten die andern Hirten ihn ausgescholten, daß er nicht mehr mitgenommen. Dann hätten sie einen ältern hineingeschickt und damit er wieder sicher herausfände, alle ihre Geiseln aneinander gebunden. Wenn er alle Taschen voll habe, sollte er dann ein Zeichen geben. Die Hirten warteten lange, da habe die Geisel das Zeichen gegeben. Wie sie erwartungsvoll hineingeblickt, hätten sie nichts gefunden als einen Bocksfuß, der Hirte aber sei nicht mehr herausgekommen.

DAS MÄRZENFRÄULEIN AUF DER MÄRZEBURG BEI KAUFBEUREN

Wenn man von Kaufbeuren südwärts der Straße nach Oberdorf folgt, so sieht man gleich hinter dem »Pudelwirth« zur Rechten einen mit frischen Buchen und Tannen bewaldteten Kegelberg sich erheben, an dessen Fuße die Sträße und gleich daneben die Eisenbahn sich hinzieht. Diesen Berg heißt man die »Märzeburg«. In alten Zeiten soll ein prächtiges Schloß seinen Scheitel gekrönt haben, welches mit dem nahen, jenseits der Wertach auf einem ähnlichen Kegelberge gelegenen Schlosse zu Hirschzell in Verbindung gestanden. Weitum sind Land und Leut' der Märzeburg unterthan gewesen, wie denn noch jetzt ein großer Hof zwischen Apfeltrang und Ottobeuren, auf dessen Grunde man Römermünzen fand, der »Märzesrinderhof« genannt wird. Heutzutage wird keine Spur mehr von der Burg angetroffen, aber ihr Andenken lebt in Sagen des Volkes. Schon in grauer Vorzeit soll diese Burg mit dem Ritter und seinem Töchterlein, die beide vom Raube lebten, sammt allen Schätzen versunken sein. Des Nachts hört man ein unheimliches Rasseln und Geklirre; denn unablässig zählt das Edelfräulein geraubte Gelder in der Tiefe des Bodens, steigt bisweilen um Mitternacht herauf, und irrt herum in den Wäldern und Fluren, suchend, wer sie erlöse und die Schätze erhebe. Schon gar Viele haben die schöne Gestalt des Fräuleins im schneeweißen Gewande, glänzend in

Gold und Silber gesehen, auch ihren bezaubernd schönen Gesang vernommen, und die Schätze, die sich bisweilen im Mondlicht sonnen und wieder in die Tiefe senken, sind ebenfalls schon oft wahrgenommen worden. Wer aber die Jungfrau erlösen will, der muß ein reiner Jüngling sein und muß sie von da ab, wo er sie findet, hintragen bis zum Vorzeichen an den Vorsatzstein der St. Martinskirche. Aber Schritt für Schritt wird sie schwerer. Ein Weber aus Kaufbeuren von breitem Rücken und guten Schultern hat schon einmal den Versuch gemacht. Das Fräulein setzte sich selbst auf seine Schultern, er brachte sie aber ermattet und von Schweiß triefend nur halbwegs bis zum Gottesacker und nicht weiter. Da verschwand sie wieder. Schon Viele sind auch von Alters her mit Hakken und Schaufeln des Nachts dahingegangen, die Schätze auszugraben. So einige arme Arbeiter vor ungefähr zehn Jahren. Sie stießen wohl auf eiserne Truhen, konnten sie aber nicht erheben, weil unter ihnen eine unreine Seele war, wie sie glaubten. Die Schätze ruhen noch im tiefen Schacht der Erde, das Märzenfräulein irrt noch immer; der letzte, der sie gesehen, soll ein Hirte gewesen sein.

DAS GAISTHOR ZU KAUFBEUREN

Um die Hälfte des vierzehnten Jahrhunderts im Kampfe der Städte gegen die Fürsten zog Herzog Teck von Mindelheim mit vielem Kriegsvolk gen Kaufbeuren und belagerte die Stadt. Tapfer vertheidigten sich die Bürger, wohlverwahrt hinter Mauern und Thürmen. Indessen brach eine Hungersnoth aus; denn unversehens war der Mindelheimer vor die Stadt gekommen; man konnte nur die Thore schließen, aber keine Getreidevorräthe mehr für eine lange Belagerung schaffen. Der Bedrang war groß. Da machte sich eines Tages ein alter Weber, dem die Jahre den grauen Bart schon völlig weiß gebleicht hatten, neugierig aber schüchtern auf die Stadtmauer und lugte durch eine Schießscharte zu dem Feinde ins Feld hinaus. Auf einmal sieht er ein rasches Bewegen im Lager und die Fähnlein immer weiter und weiter ziehen, bis sie endlich ganz seinem Auge entschwinden. Allgemeines Staunen in der Stadt über den unbegreiflichen Vorgang. Erst später erfuhr man, daß die Belagerer den alten Weber mit seinem weißen Barte für einen Geisbock gehalten und daraus abgenommen hatten, die Stadt, die sie wegen ihrer Festigkeit und tapferer Gegenwehr nur durch Hunger erobern konnten, müßte noch bedeutende Vorräthe an Lebensmitteln haben. Das Thor, wo der Weber hinausschaute, wurde von selber Zeit an das Gaisthor geheißen. Auch, nachdem es längst abgebrochen, erinnert noch das daranstoßende Wirthshaus des »Gaiswirthes« an die Geschichte.

WOHER DAS DORF »AUFKIRCH« BEI KAUFBEUREN SEINEN NAMEN HAT

Am Ausgange des »kalten Thales«, unfern des jetzt noch majestätisch da stehenden Römerthurmes zu Helmishofen, liegt an der östlichen Hänge das Dorf Aufkirch, dessen Name folgenden Urspungs sein soll. Die Bewohner wollten die Kirche, die in der Niederung manche Wassergefahr zu bestehen hatte, an einen passenderen Ort verlegen, wo sie geschützter wäre. Sie machten sich also – starke Leute, wie sie waren – daran, die Kirche zu verschieben. Derweil sie an der Arbeit waren, brannte heftig die Mittagssonne. Einer mußte von Zeit zu Zeit hinter die Mauer gehen und nachsehen, ob die Kirche noch keinen Rucker gethan. »Jetzt fällt mir was ein«, rief plötzlich der Gemeindevorstand; »mir ist es so recht luderisch heiß, ich leg meinen ›Schoppen‹ (kurzes Wamms) hinter die Mauer, da sehen wir gleich, wie weit wir mit ›Schieben‹ kommen.« Gesagt, gethan! dem Vorstand machten's auch die Andern nach; jeder wollte an seinem »Schoopen« sehen, was die Kirche für einen Rucker gethan. Jetzt ging es wieder an die Arbeit und sie spreizten ihre Füße aus und lupften mit ihren Achseln an der Mauer, daß der Schweiß das Bergele herabrann, wobei der Gemeindsvorstand immer zuschrie: *»Auf! Kirch!« »Auf! Kirch!«* – Inzwischen hatte ein Schalk die Schoopen hinter der Kirche weggenommen. Als der Vorstand nun wieder nachsehen wollte, wie nahe sie schon an den »Schööpen« seien, und keinen derselben mehr wahrnahm, lief er eiligst zu den Andern zurück und schrie: »Land gau, land gau, s'isch scho lang gnue, wir sind schon über d' Schööpe naus.« – Von dieser Begebenheit her heißt das Dorf »Aufkirch« bis auf den heutigen Tag.

DER SCHINDELNKLIEBER IN DEN MELTERN

Zwischen Kaufbeuren und Schongau liegt ein herrlicher Wald, »die Meltern«, der sich zu beiden Seiten der Geltnach hinzieht, deren enges Thal das »kalte Thal« genannt wird. Da hört man in stillen, finstern Nächten in entfernter Waldeinsamkeit ein Geräusche, wie wenn Jemand aus Scheitholz Dachschindeln klöbe: es ist der »Schindelnklieber in den Meltern«, wie er ringsum in der

Gegend genannt wird. – In dem nahen Dorfe Stöttwang wohnte einstmals ein begüterter Bauer, der nicht zufrieden mit dem Segen, welchen ihm Gott schenkte, recht wucherig that und allabendlich mit seinem Knechte in die Meltern hinausging, um Holz zu stehlen, das er dann daheim klob und an die armen Nachbarn verkaufte. Da ging einmal Sattlers Jakob um die Mitternachtsstunde von Osterzell, wo er auf der Stöhr arbeitete, nach Hause. Er mochte vielleicht, weil er dem Kornbranntwein kräftig zugesprochen, etwas unterm Hut haben; da erwachte das Courage in ihm und er rief einmal um's andermal in das Gehölze: »Schindelklieber komm heraus!« – Was geschieht? Er geht lustig seiner Wege, da sieht er mit einem Mal einen großen, schwarzen Hund über dem Wege liegen, dessen feuriges Auge ihn so erschrecklich anblitzte, daß es ihm eiskalt über den Rücken lief. Er bog vom Wege ab in das Gehölze, verirrte sich aber, da ihm immer die funkelnden Augen des schwarzen Hundes vorleuchteten, so sehr, daß er erst nach ausgestandenen Todesschrecken gegen die Morgendämmerung, ganz nüchtern geworden, daheim ankam.

DAS KIRCHLEIN DES AUERBERGS

An der Nordgrenze des Landgerichts Füssen im schwäbischen Allgäu, liegt der Auerberg mit einem dem heiligen Georg geweihten, von dem umwohnenden Volke häufig besuchten Kirchlein, von dessen Erbauung sich im Munde des Volkes eine Sage erhalten hat. In grauer Vorzeit kam ein gewaltiger Rittersmann in diese Gegend. Er saß milden Anblicks auf einem blendend weißen Rosse, mit Purpur angethan, einen silberstrahlenden Helm auf dem Haupte. Man sah ihn niemals, nach Anderer Art, von wildem Trosse gefolgt, den Edelhirsch und den Eber jagen, auch hörte man nichts von Schmausen und Gelagen auf seinem Schlosse. Nur mit den Drachen und grausen Unthieren, welche das Land bedrängten, lag er in Fehde, und wo es eine Unschuld zu retten oder zu schirmen gab, da war er männiglich bereitet. Es ward überhaupt nichts Edles und Gutes gethan, was er nicht aus allen Kräften beförderte. Damals gedachten die Bewohner jener Gegend auf der Höhe des Auerberges eine Kirche zu bauen. Sie begannen das Werk, allein es ging wider Erwarten langsam von Statten, weil das Herbeischaffen der Steine auf den Berg gar beschwerlich war. Da flehten sie inbrünstig zu Gott um Förderung und Segen ihres Beginnens, und siehe da, von selbem Augenblicke an gedieh der Bau auf wunderbare Weise. Denn Gott hatte ihnen einen wackern Helfer geschickt, das war kein Anderer, als jener treffliche Rittersmann, welcher mit den Ungeheuern und Drachen Krieg führte. Dieser arbeitete Nachts, während die Leute ruhten, an dem Bau der Kirche, schleppte auf seinen gewaltigen Schultern Steine herbei und fügte sie mit kunstreicher Hand aufeinander. In wenigen Tagen stand die Kirche vollendet da, also daß man ob des wunderbaren Anblicks kaum seinen Augen trauen mochte. Mit der Vollendung des Werkes war aber auch der wackere Bauhelfer verschwunden, und Nichts als die Erinnerung ist dem Volke geblieben, daß es der heilige Rittersmann – Georg gewesen.

SANKT MANG UND DIE BÄREN

Der heilige Magnus war einmal auf Befehl seines Meisters Columban in den Wald gegangen, um Aepfel zu holen, als sich ein Bär vor ihm dort eingefunden hatte und in gleicher Verrichtung dort beschäftigt war. Sankt Mang befahl ihm, er solle mit Aepfelauflesen inne halten, bis er zuvor für sich gesammelt habe, welchem Befehl der Bär auch zur Stelle nachgekommen.

Demselben Gottesmann sind die Bären wie Lämmer, zahm und sanftmüthig nachgefolgt, auch zu Dienst und Befehl gewesen, wie Theodorus im Leben des heiligen Magnus umständlicher berichtet.

SANKT MANG ZU KEMPTEN UND ROSSHAUPTEN

Magnus, der Apostel des Allgäus, kam auf seiner Wanderschaft mit Thosso nach Kempten. Dort hatten sich seit geraumer Zeit die Bewohner vor schrecklichen Drachen und Schlangen geflüchtet, welche ihrer statt die Häuser bewohnten. Magnus erkannte darin einen Wink des Himmels, die Heiden durch wunderbare Hilfe für den wahren Gott zu gewinnen. So geschah es eines Tages, als Magnus und sein Gefährte betend für das Volk auf den Knieen lagen, daß ein ungeheurer Drache aus dem Gemäuer hervorbrach. Der heilige Magnus befiehlt ihm im Namen Jesu Christi, des lebendigen Gottes, sich vor ihm zu beugen, und schlug ihm mit dem Stabe des heiligen Gallus auf den Kopf. Augenblicklich stürzte das Unthier todt vor ihm nieder, und auch alles übrige Gewürm und Ungeziefer verschwand.

So hauste auch in der Gegend, wo jetzt das Pfarrdorf

Roßhaupten liegt, in tiefer Schlucht ein scheußlicher Lindwurm, der Menschen und Vieh erwürgte. Die Sage erzählt, derselbe habe besonders Pferden nachgestellt und in seiner Höhle einen ganzen Berg von *Roßhäuptern* angelegt, woher denn nachmals dem Dorfe der Name *Roßhaupten*. Der heilige Magnus kam dahin, ging, mit einem Kreuze auf der Brust, seinen Stab in der einen und einen Pechkranz in der andern Hand, auf den Lindwurm los, und schleuderte ihm unter Anrufung Gottes den Pechkranz in den Rachen. Das Unthier zerbarst vor seinen Füßen, der Heilige aber dankte Gott auf den Knieen für die wundervolle That.

DIE WILDEN MÄNNER

In den Engen des Achthals bei Pfronten haben ehedem viele »wilde Männer« gehauset, wie alle Leute noch erzählen. So ist einer auf dem *Bärenmoos* gewesen, ein gar arglistiger Geist. Man sagt, er habe zu seinen Lebzeiten mit einem seiner Freunde einen Handel gehabt wegen einer Wiese, und habe deßhalb einen falschen Eid geschworen. Nach seinem Tode nun, da er noch keine Ruhe gegeben und besonders seine Freunde aus Haß und Neid verfolgt habe, sei er durch geistliche Mittel in's Bärenmoos hinaus verbannt worden. Seit der Zeit blieb zu Nachts kein Mensch mehr dort in der Nähe, und man trieb sogar das Vieh hinweg, damit demselben der Geist nicht schaden könne. – So hat auch der *Schaidbachmann* viel Übels gestiftet, wo ihm ein Mensch ist in die Nähe gekommen, der kein gutes Gewissen gehabt hat. Höret nur eine Geschichte: Eines Tages gehen mehrere »Buben« in's Holz auf den Schaidbach. Spät Abends, als sie nun zusammen kommen in einer Heuhütte, um da zu übernachten, hören sie auf einmal »Juche!« schreien. Die »Buben«, wie sie eben sind, antworteten sogleich mit einem »Juchezer«. Da aber rappelt's plötzlich über ihren Köpfen, als wenn ein Haufen Steine über das Dach ausgeschüttet würde. Jetzt sind die drinnen in der Hütte freilich nicht wenig erschrocken und haben kein Wörtlein gesagt, sondern sind mäusleinstill geblieben. Da ruft der wilde Mann von außen: »Gebt mir nur ein Härlein heraus von eurem Haar, so habe ich euch sammt und sonders.« Ihr könnt denken, daß sie das wohl haben bleiben lassen. So ist er denn wieder ruhig geworden. Seit vielen, vielen Jahren aber hört man nichts mehr von diesen und andern wilden Männern, denn, wie man sagt, so hat sie der Papst Pius VI. »verbetet«, als er in den achtziger Jahren in diese Gegend gekommen; andere aber sagen, es habe sie Kaiser Joseph II. auf immer gebannt.

DER KÜCHELNFRESSER IN HINTERSTEIN

Von Hinterstein führt ein Fußsteig hinüber in's Thanheimerthal, das schon österreichisch ist, dessen Bewohner aber eben so gut wie die Hindelanger zu den Urallgäuern gehören. Da drüben sind sehr arme Leute, viel ärmer als die Hintersteiner, die bei ihrer Genügsamkeit und Sparsamkeit recht gut auskommen, und selbst den Armen aus der Umgegend Almosen reichen können.

Da ist denn auch einmal ein Bettelmann herübergekommen aus dem Thanheimerthal oder gar aus Tyrol nach Hinterstein, da man hier gerade die Kirchweih feierte. Der fing an in den Häusern herum Kücheln zu sammeln, bekam auch im Ganzen sieben und siebenzig Kücheln zusammen, und außerdem auch noch, was er gerade nothwendig hatte, um seinen allergrößten Appetit zu stillen. Die sieben und siebenzig Kücheln schob er alle in seine Betteltasche, um sie nach Hause zu bringen und auf längere Zeit etwas zu haben. So machte er sich dann auf den Weg, nicht hungrig, aber auch nicht übersatt. Wie er den Fußsteig neben dem Wasserfall erreicht hatte, da wandelte ihn gleich in der ersten Krümmung schon eine Lust an nach den sieben und siebenzig Kücheln, und er meinte, er sollte jetzt wohl eines davon essen; auf eines käme es gerade nicht an. Und wirklich verzehrte er im ersten Ranke (Krümmung) den Kuchen, welcher ihm aber so vortrefflich schmeckte, daß er im zweiten Ranke zum zweiten schritt und denselben mit eben so großem Appetit verzehrte. Und wie er im dritten Ranke das dritte und im vierten das vierte der Kücheln verzehrt hatte, da meinte er, es wäre doch eine nicht zu verachtende Herzstärkung, wenn er in jedem Ranke so eines von den Kücheln verzehren würde. Der Weg wäre dann lange nicht so langweilig, und bis er mit den sieben und siebenzig Kücheln fertig wäre, wäre er auch mit den sieben und siebenzig Ränken oder Krümmungen fertig und hätte das höchste erstiegen. Und so that er denn auch wirklich, und wie er die sieben und siebenzigste Krümmung erstiegen und das sieben und siebenzigste der Kücheln gegessen, da hat es ihm den Magen »verschränzt« oder »verrissen«, so daß er zerplatzte. Die Einen sagen so, die Andern sagen anders, aber darin kommen Alle überein, daß er todt geworden sei, ob am Essen oder am Steigen oder an beiden zugleich, kann man nicht bestimmt sagen. Und seit dieser Geschichte hütet sich Jeder, der da hinaufsteigen muß, unterwegs Etwas zu essen; er fürchtet, es gehe ihm, wie dem Küchelnfresser aus Thanheim.

Unfern Hindelang im Allgäu ist eine wilde Gebirgsschlucht, die Isenbrechen genannt. Dahin sind die verstorbenen Landammänner gebannt, welche im Leben ungerechtes Gericht gehalten. An Sonn- und Festtagen sieht man sie wohl auf den nahegelegenen Alpen auf- und abgehen in ihren rothsammtnen Wamsen und großen Perücken. Die schlimmsten aber aus ihnen sind zu ewiger Nacht verurtheilt und hausen, in scheußliche Kröten verwandelt, zwischen den Felsklüften, durch welche die

Ostrach fließt. Männer, welche zur Triftzeit in die Schlucht hinabgelassen werden, um das angestauchte Holz weiter zu schaffen, haben sie oft bemerkt und ihre glotzenden Augen gesehen, die so groß sind, wie Salzbüchseln. Sie können aber Niemanden mehr ein Leid thun.

DER SCHATZ AM KIENBERG

Bei Pfronten, am Fuße des Kienbergs, wo man in das Achthal hineingeht, liegen großmächtige Felsstücke, darunter ein Schatz verborgen ist. Es haben nämlich zur Schwedenzeit die geistlichen Herren umher sich dahin gerettet und ihr Zeug geflüchtet, als: eine Kiste voll Geld, eine Kiste voll Leinwand und eine Kiste voll »digenem« (geräuchertem) Fleisch. Darauf ist aber die Pest gekommen, daran sie alle gestorben sind; und so liegen denn die Schätze alle noch unter den Felsblöcken. Aber der muß noch gefunden werden, der sie heben könnte.

DER STURM AUF DEM INSELSEE

Zwischen Kempten und Immenstadt zieht sich bei dem Weiler Herzmanns in mehreren Windungen gegen Westen der sogenannte Inselsee hin, auch *Niedersonthofer-See* genannt, weil dieses freundliche Dörfchen recht malerisch an seinem Nordwestende gelegen ist. Auf einer weit vorragenden Landzunge steht noch eine hohe Seitenmauer eines in Ruinen gefallenen Schlosses, das einst den Fürstäbten Kemptens und den Herrn des dortigen Conventes zum Aufenthalte diente, wenn sie im Herbste in den umliegenden Forsten des edlen Weidwerkes pflagen. Da wissen die alten Leute von »Fürstes Zeiten« her noch manch wunderliche Mähre zu erzählen von argem Spuck, der da sein Unwesen getrieben. Wie einmal, als die Herrn eben beim Mahle saßen, der »Geist«, erzürnt über ihr weltliches Treiben, einen furchtbaren Orkan über den See hin erregt habe, so daß die schäumenden Wellen mit rächendem Ungestüm über die Ufer sich wälzten, und die Grundmauern des Jagdschlosses beleckten. Wie der heulende Sturm die mächtigsten Linden entwurzelt, die Jagdwagen in den See getrieben, Scheiter Holz umhergeschleudert und Herrn und Diener in einem solchen Schrecken versetzt, daß sie nichts anderes als den jüngsten Tag genaht glauben. Wie die Jäger auf einmal zu Büßern umgeschaffen worden und auf den Knieen um die Absolution gebeten, bevor ihr Sterbstündlein schlüge. Nur Einer von den Patres sei dabei gewesen: der habe von all diesem Spuck nichts gehört und nichts gesehen; es sei aber ein ganz unbescholtener Priester gewesen und habe mit den Andern nicht mitgemacht. Von dieser Zeit habe kein Mensch mehr im Schlosse wohnen können, und es sei zerfallen und liege in Trümmern bis auf den heutigen Tag.

SCHWANK VON BALDERSCHWANG

Von den Balderschwangern gehen mancherlei Sagen und Geschichten im Land. So hat einmal eine gottesfürchtige Mutter ihr Söhnlein vermahnet, wie es vor jedem Krucifixe nicht nur das Käpplein abziehen, sondern auch, wo es gerade sein könnte, dasselbe andächtig küssen sollte. Das ließ sich der Sohn nicht zweimal gesagt sein, und ging mit guten Vorsätzen seines Weges. Da sah er von ungefähr auf dem Felde ein eisernes Ding, wie ein Krucifix, es war aber eine Mausfalle. Alsogleich entblößte das Büblein ehrerbietig sein Haupt und warf sich nieder, das Kreuzbild zu küssen. Aber wehe! Die Mausfalle schlägt zu und nimmt dem frommen Büblein die halbe Nase hinweg. Das hat sich aber dessen nicht allzusehr gegrämt, sondern nur verwundert ausgerufen: »O g'rechter Herrgott, wie g'schnell bist Du!«

NEHMET DIE GOGGELER NICHT MIT

Zur Zeit des dreißigjährigen Krieges flohen die Bewohner von Wiedemannsdorf, zur Pfarrei Thalkirchdorf gehörig, in die Bergschluchten, packten Alles auf, was lebte und schwebte, steckten die Hennen und Hähne in Säcke; da habe eine Dirne die andern Bewohner ermahnt: »nehmet die Hahnen nicht mit, sie könnten uns mit ihrem Krähen verrathen.« Daher besteht daselbst das Sprichwort: »nehmet die Goggeler nicht mit«, was nach dortiger Deutung heißt: schafft die Schwätzer bei Seite.

DER PESTTANZ ZU IMMENSTADT

Als zu den Zeiten des dreißigjährigen Krieges, besonders zwischen 1632 und 1639, durch Raub und Verheerungen der Schweden unter ihrem General Grafen Mansfeld, in den friedlichen Thälern des Gebietes von Immenstadt eine gräßliche Hungersnoth, und in deren Gefolge die menschenfressende Pest wüthete; da alle Freude verstummt, auf allen Gesichtern nur Todesschrecken zu lesen war, und selbst bei der allmähligen Verringerung der Sterblichkeit überall nur todte Trauer und stumpfe Betäubung herrschte: gab ein Priester den Rath, öffentlich Volksbelustigungen und Tänze anzustellen und die in Trauer und Schrecken versunkenen Gemüther wieder zur Lebensfreude aufzuregen. Der Rath ward angenommen und alsbald in's Werk gesetzt. Man zog mit Musik in versammelten Schaaren auf den Marktplatz, hielt öffentliche Umzüge, Tänze, Vermummungen, und fand allgemein an den neuen derben Possen Vergnügen und – die ersehnte Hilfe. Darum hält man dahier noch jetzt fast alle Jahre zum bleibenden Andenken an jene höchst betrübten Zeiten auf dem Marktplatze und in den vornehmsten Straßen öffentliche Umzüge und Volksbelustigungen, von Einheimischen und Fremden recht gerne gesehen, und nach dem Ursprung der *Pesttanz* genannt.

DIE HEXENSTEINE BEI LINDAU

Als die ersten Verbreiter des Christenthums am Bodensee werden die Heiligen Columbanus und Gallus genannt. Ersterer ist jetzt der Patron Rorschachs, letzterer der St. Gallens. Als Sankt Gallus einst in der Stille der Nacht am Seeufer stund und seine selbst gestrickten Netze in's Wasser warf, hörte er einen Dämon, welcher von einem benachbarten Berge herab mit lauter kreischender Stimme einem andern Geiste mit Namen zu rufen schien, der in der Tiefe des See's sich aufhielt. Der letztere antwortete: »Hier bin ich!« Da sprach der auf der Höhe: »Wohlan denn, so erhebe dich zu meiner Hülfe, auf daß wir jene Fremdlinge vertreiben, die, aus der Ferne daher kommend, meine Bilder im Tempel zerbrochen haben, und das Volk, das mir diente, zu sich abgewendet. Auf! laßt uns die gemeinsamen Feinde über die Gränze jagen!« Der im See antwortete: »Wehe, daß du die Wahrheit sprichst, das erfahre ich an mir selber, denn Einer von ihnen setzt mir im Wasser zu und verödet meine Reiche; nie vermag ich seine Netze zu zerreißen, noch ihn selbst zu täuschen, weil auf seinen Lippen unaufhörlich die Anrufung des wahren Gottes schwebt.« Da ermannte sich der heilige Mann, verwahrte sich mit dem Zeichen des Kreuzes, bedräute die Teufel in Christi Namen und eilte zu seinem Meister Columban in die Zelle, zu erzählen, was er gehört. Dieser berief alsogleich die Brüder zusammen und kaum hatten sie angefangen zu beten und zu lobsingen, als sie auch das gräßliche Geschrei der Dämonen vernahmen, die mit verworrenen Klagen über die Berge und den See sich flüchteten. Einer jener Verscheuchten, nach der Sage eine Hexe, soll in der Bedrängniß in drei Absätzen über den See gesprungen und sich dann weiter salvirt haben.

In der nächsten Umgebung der Stadt stehen zwei Steine im See, welche beide den Namen »Hexenstein« führen; der kleinere befindet sich in der Umfassung der Seebadeanstalt zunächst der Römerschanze, der andere aber westlich der Sternschanze – außerhalb der Pallisadenreihe – unweit davon, wo der Eisenbahndamm die Stadt berührt. Der letztere Stein ist der größere, ragt bei niederem Wasserstand drei bis vier Fuß über die Wasserfläche hervor und ist ein sehr beliebter Tummelplatz der Möven. Besagte Hexe soll nun vom Schweizerufer mit einem Schritt zuerst auf den kleineren, mit dem zweiten auf den größeren und mit dem dritten Schritt an's Land gesprungen sein. Auf beiden Hexensteinen soll ehedem der Abdruck eines menschlichen Fußes – und zwar mit der Spitze nach der Schwabenseite gekehrt – sehr deutlich zu erkennen gewesen sein.

Wenn man von Lindau in nordöstlicher Richtung über Reuti, die Staig und das Wannenthal geht, so kommt man in eine enge Thalschlucht, durch welche ein Wasser rinnt, welches weiter unten in Rickenbach ein Mühlrad in Bewegung setzt. Im Munde des Volkes heißt diese Thalschlucht das »Beseriiter Tobel«, weil weiter oben und außerhalb des Waldes das Pfarrdorf Bösenreuti liegt. Von jenem Bächlein bis auf die Höhe hinauf führt ein gar freundlicher Weg durch das Waldesdunkel über hundert und etliche Stufen. In jenem Tobel nun soll vor Zeiten das Ehre-Mändle, eine Art von Wichtelmännchen oder Kobold sein Wesen getrieben haben. An schönen Sommertagen pflegte es all' seine Schätze und Reichthümer – worunter besonders sehr schöne silberne Löffel und Teller – vor seine Behausung herauszutragen, sie da zu put-

zen und förmlich zur Schau auszustellen, ohne sich dabei eine Ruhe zu gönnen; immer gab es wieder hier oder dort was zu wischen und abzustauben. Wollte man sich ihm nähern, so war im Nu die ganze Bescheerung verschwunden. Die Geschäftigkeit dieses Gnomen soll immer lang anhaltendes schönes Wetter angezeigt haben; deßhalb pflegte man Abends nach dem »Heuen« ein Stücklein Brod auf die Thürschwelle zu legen, ihm dadurch seinen Dank auszusprechen. Man sah das Ehre-Mändle auch zur Winterszeit nach eingetretener Dunkelheit nicht ungerne in Häusern und Stallungen, da sein Erscheinen immer Glück gebracht. Seit dem Schwedenkriege soll es nicht mehr gesehen worden sein. Auch geht die Sage, daß einige junge Bursche, in der Absicht, das gute Männlein zu necken und herauszulocken, eine lebendige Ente in seine Höhle hineingeworfen haben, welche eine halbe Stunde weiter östlich im Lettenbach fludernd wieder ge-

sehen worden sei. Das kann aber nicht wohl sein. Erzähler gab sich selbst die Mühe, hinein zu kriechen, fand aber keine Fortsetzung dieser Höhle oder einen anderen Ausgang. In einer alten im Jahr 1626 von dem Maler Rauh zu Wangen verfertigten sehr genauen Karte der Umgegend heißt es ganz deutlich »Erzmann-Loch«, was den Erzähler auf den Gedanken brachte, diese Höhle möchte vielleicht der Eingang zu einem aufgegebenen, nun ganz verlassenen und eingestürzten Schachte sein. Das Ganze hat von Außen mehr das Ansehen eines Dachsbaues, und wird zur Stunde noch Ehre-Mändles-Loch genannt. Sollte irgend Jemand es aufsuchen wollen, so müßte er sich an die Insassen des zunächst gelegenen Bauernhofes wenden, wo man es beim »Wagner« im Tobel heißt.

ANNA VON TEGELSTEIN

Eine halbe Stunde von Lindau, zwischen dem Schachenbad und Wasserburg, befindet sich jener der Familie Gruber gehörige und von dem Gärtner Junghänel aus Muskau angelegte Garten, in welchem noch die Überreste, d.h. Unterstock nebst Graben der alten Burg Tegelstein zu sehen sind. Diese Burg war bis zu Ende der dreißiger Jahre wohl erhalten, zwei Stockwerk hoch, dicht von Epheu überwachsen, mit einer kleinen Zugbrücke versehen und rings vom Wasser umflossen, das mit dem Bodensee in Verbindung stand. Das Stiegenhaus befand sich auf der südlichen Seite der Burg in einem runden Thürmchen. Nördlich von dem Überreste dieser kleinen Burg befindet sich auf einige Schritte Entfernung der Burgstall mit noch einigen Oekonomie-Gebäuden.

Der Burgstall selbst steht größtentheils noch, ist zu einem Gewächshaus verwendet und durch rothe Fenstereinfassungen verunziert. Von der Burg steht, wie gesagt, nur mehr der untere Theil, denn alles andere wurde auf den Wunsch des verstorbenen und in diesem Garten beerdigten Herrn Gruber entfernt und abgebrochen, weil er es für unpassend hielt, daß in einem Parke eine noch erhaltene Burg stünde. Der freilich damals ganz versumpfte und mit Schilf angefüllte Wassergraben wurde wieder gereinigt und einigen Schwänen zum Aufenthalt angewiesen. Die der ehemaligen Zugbrücke zunächst angebrachten Trauerweiden deuten sinnig auf den neuerungssüchtigen Abbruch dieser alten Zierde der Gegend hin. Von der Burg hat sich auch noch folgende Sage im Munde des Volkes erhalten.

In grauer Vorzeit lebte hier eine Wittwe, die Freifrau Anna von Tegelstein, mit einem Sohne und drei gar lieblichen, erwachsenen Töchtern. Die Mutter war in hohem Grade adelsstolz, meinte, der Mensch fange erst beim Freiherrn an und vergönnte den armen und unbemittelten Leuten kaum die Luft zum Athmen. Eines Tages kam auf die Burg eine Pächtersfrau in Trauer gekleidet und sprach zu der Edelfrau: »Gnädige Frau, meine einzige Tochter ist gestorben, sie zählte erst achtzehn Jahre und war die ganze Freude meines Lebens. Ich möchte wohl um ihre schwarzen Locken einen Kranz von weißen Rosen flechten, da sie doch eine Braut des Himmels geworden; erlaubt also, daß ich mir welche in Eurem Garten hole, wo sie so schön blühen.« »Du magst einen Kranz von Brennesseln für deinen elenden Balg binden«, fuhr sie die hoffärtige Frau an, »Rosen geziemen sich nicht für Bettelvolk, die sind nur für unsers Gleichen!« – »Nun so mögen denn Eure Rosen zu Todtenkränzen für Eure

Töchter werden!« sprach die Pächterin entrüstet und verließ augenblicklich das Schloß. Der Fluch ging in Erfüllung. Die drei Töchter der Edelfrau starben binnen einem Jahre, und jede trug im Sarge einen Kranz von weißen Rosen um das Haupt. Damit sollten aber die Leiden der stolzen Wittwe noch nicht zu Ende sein, denn nach der Volkssage sah man, wenn der Todt eines weiblichen Abkömmlings der Familie Tegelstein bevorstund, die Frau Anna gegen Mitternacht im Garten sitzen, und einen Kranz von weißen Rosen flechten. Nachmals kam das Schlößchen an die Familie Motz von Kempten, welche es vom Kloster St. Gallen zu Lehen hatte.

Der Mayr von Kempten, von seinem Abte geliebt, und durch diese Gunst, durch rastlosen Fleiß und Segen von Oben bereichert, hatte neun Söhne. Dazu wurde ihm ein zehnter Knabe bei Nachtszeit vor die Thüre seines Hauses gelegt. Die Hausfrau und Ehewirthin murrte: es seien der Kinder ohnehin schon genug. Aber der Hausherr erbarmte sich des armen Wurmes, seiner schönen Gestalt und rührenden Unschuld, und so hatte er nun zehn Kinder und zog sie alle glücklich auf. Aber er hatte Bürgschaft gethan für einen Freund, dem war das Glück untreu. Betrüger brachten ihn um einen großen Theil des Seinigen. Meeresstürme begruben mehrere seiner Schiffe in den Abgrund. – »Bürger muß man würgen«, – sagt ein altes, aber nicht gutes Sprichwort, und so erging es auch dem armen Mayr von Kempten. Er verdarb gänzlich. Mit sich und der Welt zerfallen, wurde der fröhliche Mann ein Menschenfeind und selbst den eigenen Kindern abhold. Er schlug sie und trieb sie aus dem Hause, daß sie dienten und ihm aus dem Brod kamen. Der zehnte, der arme Heinrich Findelkind, war am schlimmsten daran. Aber er lief doch lieber in die unbekannte große, weite Welt hinaus, als daß er sich zu Hause todtschlagen ließ. Da fanden an der Heerstraße zwei Priester, die nach Rom zogen, den weinenden Knaben, trösteten ihn, gaben ihm Brod; mit ihnen ging er über den Arlberg. Drüben wohnte ein rauher und streitbarer, aber frommer Ritter. Man hieß ihn nur den Jackl über Rhein. Der gab den Priestern reichlich Almosen und fragte: »Wo wollt Ihr mit dem Knaben hin?« Sie erwiederten: »Er ist zu uns gelaufen auf dem Feld.« Darauf der Ritter: »Laßt ihn mir, daß er meine Schweine hüte.« Die Priester antworteten: »Er kann thun, was er will,« und Heinrich Findelkind wurde Knecht und Schweinehirt beim Jackl über Rhein, erhielt des Jahrs zwei Gulden Lohn, ging fleißig jeden Sonntag mit dem Ritter in die Kirche und trug ihm das Schwert nach. Wie sie da, dem fernen Geläute nach, den Berg hinabsteigen, brachte man ihnen oft viele Leichen entgegen von unglücklichen Pilgern, die des Winters auf dem Arlberg in Schneegestöber oder unter Lawinen zu Grund gegangen. Raubvögel und Raben hatten ihnen die Augen ausgehackt, die Kehlen abgefressen, und sie auf mannigfache Weise verunstaltet. Das erbarmte den Heinrich Findelkind so sehr, daß er bitterlich weinte und ein heiliger Eifer in ihn drang, solches Unglück zu verhüten. In vollen zehn Jahren hatte er fünf Gulden in Allem ausgegeben und also noch fünfzehn Gulden übrig von seinem Verdienst mit dem Hirtenstab. Da trat er eines hohen Festtages vor die Kirchthüre mit dem Aus-

rufe: Ob Jemand die fünfzehn Gulden nehmen wollte und damit einen Anfang machen auf dem Arlberge, daß die armen Pilger nicht also verdürben. Aber die Leute lachten vielmehr des thörichten Beginnens eines Bettel-jungen und Niemand wollte die erste Hand anlegen. Da rief Heinrich Findelkind von Kempten zu Gott dem All-mächtigen und zu St. Christoph dem starken Nothelfer, und rettete gleich den ersten Winter sieben Menschen das Leben und ein paar Jahre darauf über fünfzig Men-schen. Darauf stiftete er eine eigene Bruderschaft St. Christophs auf dem Arlberg, und zog für diese edle Bruderschaft bettelnd durch alle Länder und erhielt rei-che Gaben. Die Kirchenfürsten von Salzburg, Chiemsee, Freising, Passau, Regensburg, Augsburg und Würzburg gaben ihm reichen Ablaß. Das Bruderschaftsbuch nennt unter den vorzüglichsten Wohlthätern der Stiftung unter andern auch die Landgrafen von Leuchtenberg und Grafen von Montfort und Ortenburg und viele andere Ritter. Herzog Leopold der Stolze von Oesterreich bezeigte im Dezember 1386, nachdem im Juli vorher sein Vater bei Sempach wider die verachteten und verspotteten Schweizerbauern mit dem Kern seines stolzen Adels gefallen, es sei der arme Knecht Heinrich von Kempten, in seiner Jugend ein Findelkind, mit großer Andacht und Begierde vor ihn gekommen, daß er wollte gern ein Haus bauen auf dem Arlberg und in dieser Wildniß wohnen und sitzen, vorzüglich damit die armen Pilger und Kaufleute nicht ferner so elend zu Grunde gingen. Es seien ja viel gute Dinge angefangen worden von einfältigen Leuten. Darum befehle er allen seinen Hauptleuten und Richtern, ihn dabei zu schützen und zu schirmen. Des armen Hirtenknaben und Findelkindes von Kempten edles Werk begann und bestand durch mehrere Jahrhunderte. Es erhielt Tausenden das Leben und sicherte einen für den Handel wichtigen Straßenzug.

DIE MARTINSGÄNSE

Fast bis zu der Zeit, da die Altstadt Kemptens dem bayerischen Staate einverleibt wurde, mußte nach einem uralten Brauch der Spitalbäcker zu Kaufbeuern jedes Jahr am Martinstage zwölf Uhr Mittags zu Pferd an der Illerbrücke eintreffen und zwei silberne Händleinpfennige nebst zwei Martinsgänsen mit sich bringen, einen der Pfennige ins Wasser werfen und den andern beim Hause Nr. 226, wo der Stadtkirchner seine Ankunft erwartete, abgeben. Die Gänse durften, während er über die Brücke ritt, nicht schreien, sonst war die Gabe ungültig.

WIE SANCIMON UND CELEBRAND DAS KLOSTER ZU KEMPTEN GEBAUET

Der erste Stein des fürstlichen Klosters Kempten ist von Rolando, so dazumal aus den Franzosen der stärkste soll gewesen sein, im Beisein vieler Fürsten und Herren mit großer Majestät gelegt worden. Zu Verfertigung des ganzen Gebäues aber hat Hildegardis zween an Größe und Stärke unvergleichliche Riesen gebraucht, Sancimon und Celebrand mit Namen, welche so viel Stein und Mörtel alltäglich herzugetragen haben, als sechzehn gemeine Taglöhner hätten ausrichten können; waren aber dabei dermaßen gefräßige Leut, daß sich Jedermann mit Lachen über sie verwundert, da sie wie andere Herkules ganze Ochsen hinweggefressen. Einer derselben, Celebrand, ist nach dem Tode der Stifterin nach Welschland gekommen, Sancimon aber zu Kempten gestorben und mitten in des Klosters Kirche begraben worden.

HEILIG KREUZ BEI KEMPTEN

Von der Stadt Kempten drei Viertelstunden entfernt, liegt in nordwestlicher Richtung das ehemalige Franziskanerkloster Heilig Kreuz genannt. Der Name rührt von einem daselbst im Jahre 1691 errichteten hölzernen Kreuze zum Andenken an nachfolgende Begebenheit.

Eine Frau wendete eben das Heu auf der Wiese, als sie plötzlich an ihren entblößten Füßen helles, klares Blut bemerkte, das aus der Erde quellend dieselben netzte. Hierüber ganz betroffen, rief die Frau ihren Ehemann sammt zwei Dienstmägden und einem Nachbar herbei. Sämmtliche Herbeigerufene sahen mit höchster Verwunderung an fünf verschiedenen Stellen der Wiese klares Blut aus dem Boden wallen. Diese Aufwallung erreichte die Höhe eines halben Schuhes und wurde von diesen Leuten über eine Viertelstunde andauernd gesehen. Die geistliche Obrigkeit ordnete bald darauf eine Untersuchung an, ob das Ganze nicht von natürlichen Ursachen herrühre. Beim Nachgraben fand man nichts als schwarze Mooserde und verfaultes Holz. Indessen wurde nun ein hölzernes Kreuz errichtet, bei welchem das Volk der Andacht pflegte und mancherlei Wunder geschahen, worauf nachmals Kirche und Kloster der Franziskaner errichtet worden.

DIE BURGRUINE RABENSCHAICHEN

Wenn man auf der Straße von Kempten nach Memmingen das Dorf Hirschdorf hinter sich hat, sieht man, etwa eine Viertelstunde unterhalb dieses Dorfes, links neben der Straße am nahen Waldsaume, die Ruinen einer zerfallenen Burg, über welche junge Birken und Tannen emporragen. Daneben steht ein Weiler, von mehreren zerstreuten Häusern gebildet, welcher bis auf den heutigen Tag den Namen von dieser Burg »Rabenschaichen« trägt. Hier hauste in alten Zeiten ein gar ungebärtiger Ritter, der Schrecken der ganzen Gegend. Zogen die Ulmer Kaufleute mit ihren Waaren aus Welschland des Weges fürbaß, da lauerte Kuno mit seinen wilden Gesellen im Gehölze, plünderte die Reisigen oder ließ sich das Weiterziehen mit blankem Golde bezahlen. Seine Grundholden bedrückte er auf alle Weise; kam ein Bettler an die Schloßpforte, so hetzte er seine zottigen Rüden nach ihm und sah mit Hohngelächter zu, wenn sie ihn recht

übel zurichteten. Das unrecht aufgehäufte Gut ward dann in schwelgerischen Gelagen verschwendet, wobei die geraubten Weinfässer, wenn sie ihres feurigen Inhaltes entleert waren, unter dem Gejauchze der Zechenden in den Burggraben hinabgerollt wurden. So trieb er das wilde Raubhandwerk viele Jahre, fragte nichts nach Gott und nach den Menschen, und so kühne Abentheuer er auch unternahm, immer kehrte er siegreich von jedem Strauße heim, so daß es allum hieß: »Ritter Kuno hat seine Seele dem Teufel verschrieben, drum richtet Keiner etwas mit ihm aus!« – Plötzlich stirbt er um die Mitternachtsstunde, von einem blutigen Raube heimgekehrt. Seine Gesellen tragen den Leichnam in das oberste Gemach, von dessen Söller Kuno auf die an der nahen Straße Vorüberziehenden Spähe zu halten pflegte. Indeß sie im Erdgeschoße über der Theilung der angehäuften Schätze hadern und lärmen, erschallt plötzlich um die Zinne der Burg ein kreischendes Gekrächze einer Schaar Raben, welche bald durch die geöffneten Fenster in das Todtengemach hineinfliegen und mit wüthendem Geschrei das Antlitz des Verstorbenen zerfleischen. Die Todtenwächter vermochten sie erst zu *verscheuchen,* als von dem vollstrotzenden Gesichte nur mehr die nackten Knochen aus dem Leichentuche hervorgrinsten. Die Zechenden im Hofe ergriff kalter Graus; sie ahnten Gottes Strafgerichte, vertheilten die geraubten Güter unter die Armen oder vergabten sie an Kirchen, und überlieferten das Raubnest den Flammen, welche es bis auf das Erdgeschoß verzehrten, das noch heute in seinen Trümmern die Erinnerung an diese Sage aufbewahrt in seinem Namen »Rabenschaichen«.

DAS ELDERNSCHE MARIENBILD ZU OTTOBEUREN

In dem eine kurze Strecke vom Kloster Ottobeuren entfernten Erlen- oder Eldernwalde befand sich bis auf unsere Tage eine schöne Wallfahrtskirche mit dem von Erde geformten Bilde der Mutter Gottes, von dem Niemand wußte, wie es in den Wald gekommen, bevor die Kirche erbaut worden war. Man erzählt davon Folgendes: Vor etlichen hundert Jahren hatte eine kranke Frauensperson vergeblich alle Mittel zur Wiedererlangung ihrer Gesundheit versucht, und da sie einmal im Gebete eine Stimme vernahm: »Willst du gesund werden, so stehe auf und gehe in das nächstgelegene Elderwäldlein, da wirst du an einem Elderbaume ein Muttergottesbild finden in sitzender Gestalt, vor dem dir soll geholfen werden,« so war sie schnell gehorsam, machte sich auf, fand das Bild an einem Baume, an dem schon so Viele vorüber gegangen waren und es nicht gesehen hatten. Sie warf sich im Gebete nieder und erlangte die Gesundheit. Darauf wurde über das Bild ein Kirchlein gebaut. Einmal kam einem bösen Menschen der Gedanke, auf das Bild zu schießen, derselbe fiel todt zur Erde nieder. Zu Anfange dieses Jahrhunderts wurde die Kirche zerstört, das Bild aber in die prachtvolle Klosterkirche Ottobeurens übersetzt.

DAS KÖNIGSFEST ZU MEMMINGEN

In älteren Zeiten wurden die drei ersten Schulkinder mit Kronen, Zepter und Blumensträußen geschmückt, und hießen Könige und Königinnen, und hatten noch die drei ersten Kinder vom vorigen Jahr, die auch so geschmückt waren, und noch drei andere, welche Gesangführer hießen, zur Begleitung. Dieses war mit großem Kostenaufwand verbunden; daher die Schulmeister allezeit große Schwierigkeiten hatten, solche Eltern zu finden, die geneigt waren, mit ihren Kindern diesen Aufwand zu machen, weßwegen dann selten diejenigen, welche durch Fleiß und Geschicklichkeit das Prämium verdienten, dasselbe erhielten. In neuern Zeiten ist das abgeschafft und vereinfacht geworden; doch ist noch immer die Sache nicht ganz im Reinen, denn diese Eltern wollen es auf diese, jene auf jene Art gehalten wissen. Am Pfingstdonnerstag begeben sich viele Eltern mit ihren Kindern in ein vor der Stadt gelegenes Wirthshaus, wo alsdann die Schulmeister mit einem Reihen auf einem grünen Platze den Kindern eine öffentliche Freude machen.

Der Ursprung dieses sogenannten Königsfestes soll sich von Kempten herschreiben, und sei im achten Jahrhunderte auf folgende Art entstanden.

Karl der Große kam einmal nach Kempten in das Schloß Hilarmont, oder Bürkhold, zu seiner Gemahlin

Hildegarde, die sich daselbst aufhielt, um den Fortgang des Klosterbaues zu besehen. An der Tafel soll unter seinen drei Söhnen, Pipin, ein muthiger Prinz, zu seiner Mutter in folgenden Ausdrücken gesagt haben: Ei! meine liebe Mutter, wenn der Herr Vater gen Himmel gekommen ist, werde ich darauf König werden? Karl, der andere Sohn, ebenfalls begierig zu herrschen, wandte sich an seinen Herrn Vater, und behauptete: er müsse im Reich als Thronfolger nachfolgen. Ludwig wollte auch Regent sein: dieser wandte sich an seine beiden Eltern. Hildegardis endigte den Streit also: auf ihren Befehl sollten die drei Söhne von den Bauern in dem Flecken Kempten ein jeglicher einen eigenen Hahnen holen; wessen

Hahn im Kampfe den Sieg davon tragen würde, der sollte König sein. Ludwigs Hahn siegte. Als sie nun bei der Schule vorbeizogen, so begleiteten die Schüler, weil es gerade um die Zeit war, wo sie aus der Schule gingen, die drei Prinzen bis zum Schlosse. Dieses Spiel gefiel den königlichen Prinzen selbst, und andern Schülern, daß diese es im folgenden Jahre wiederholten, und in Prozession herumzogen. Als man nun anfing in den Oertern zu Kempten, auch in dem Flecken Grünenfurth, welches das jetzige Memmingen ist, Schulen anzulegen, wurde dieses Fest von der Schuljugend auch begangen, besonders zur Aufmunterung im Fleiße, man wählte allezeit (das doch nicht immer geschehen ist, wie schon gemeldet) drei aus den besten Schülern. So enstand das sogenannte Königenfest, das 1804 eingestellt wurde. Der Scherz mit den Hahnen ging nachher zufälliger Weise in seine Erfüllung. Ludwig, der Fromme genannt, ward als der einzige, noch überlebende Sohn nach Karl des Großen Tod (814) Kaiser.

DAS PFERD IN DER WIEGE

Wenn man auf der Straße von Augsburg her nach Memmingen kommt, so erblickt man gleich an einem der ersten Häuser ein in der Wiege liegendes Pferd angemalt. Fragt man einen schlichten Memmingerbürger nach der Bedeutung dieses Gemäldes, so erhält man etwa folgende Auskunft: »A früherer Besitzer von dem Haus ischt a maul der Moining gwest, sei Frau sei gstorba. Sie isch aber nit recht gstorba gwest, sondern blos scheintodt. Zur ghörige Zeit aber, am zwoita oder dritta Tag, haut ma sie in alle Ehra begraba. Die Frau wär au nomma me us ihrem Grab rauskomma bis an jüngste Tag. Non haut aber dr Todtagräber gwißt, daß ma ihr etlich schöne, werthvolle Ring mit ins Grab ge˜ haut, und dau haut r denkt, die brächtet ihm mehr Nutza, als der todta Frau. – Er ist also spät in dr Nacht naus und haut's Grab göffnet. Jz aber denk a Mensch sei Schrecka! Wie r de Deckel weg thuat, wird d' Frau lebendig, regt sie und staut auf. – Daß dr Todtagräber d' Laterna vergeßa haut, isch koin Wunder; – d' Frau aber haut sie gnomma und isch mit r hoim.

Wie sie an ihrer Glocka g'litta haut, isch z'erst d'Magd ans Fenster komma. Uf ihr Frauga: »wer läut't?« antwortets drunta: »Mach auf, d'Frau ists.« – Die moint nit anderst, als as sei a Gspenscht, weckt da Herra und verzält m Allz. Der hälts au für unmöglich und sait: »Eher liegt mein Pferd in der Wiege, als daß meine Frau da drunten ist.« – Wie ma aber gschaut haut, dau ischts denn doch d' Frau gwest und haut allz verzält und haut no manchs Jaur glebt, bis sie wirklich gstorba ischt und zum Andenka an dia Begebenheit ist an dem Haus das Pferd in dr Wiega angmault bis uf da heutiga Dag.«

DAS HEILIGE HEILIGTHUM

Unter die Merkwürdigkeiten der Martinskirche zu Memmingen gehört von alten Zeiten her das sogenannte heilige Heiligthum, oder die heilige Wunderhostie, mit welcher es sich auf folgende Weise verhalten haben soll.

Die Besitzer zweier Mühlen, welche im Jahre 1215 auf dem sumpfigen Riede oder Moorgrunde unfern dem Pfarrdorfe Beningen gestanden, hätten sich damals in sehr verschiedenem Nahrungsstande befunden. Der Eine auf der dem Pfarrdorfe näher gelegenen Mühle hätte überreichliche Arbeit und Verdienst gehabt, der Andere aber auf der der Stadt näher befindlichen sich aus Mangel an Arbeit in großer Dürftigkeit und Armuth befunden. Darüber neidisch und mißgünstig, habe denn der Letztere dem Erstern den Segen des Himmels dadurch zu entziehen, und dessen Glück sich zuzuwenden gehofft, wenn er seinem glücklichen Nachbar eine geweihte Hostie unter den sogenannten Laufer der Mühle lege. Dieß gottlose Vorhaben habe er auch bereits in der Nacht auf den grünen Donnerstag, den 16. April 1215, ausgeführt; da aber beinahe ein ganzes Jahr nichts darauf erfolgte, und er nach dieser Zeit die Hostie unverletzt unter dem Laufer fand: so hätte er sie nun von da weggenommen, und unter dem Kumpfe des Mahlsteins verborgen, zuvor aber den Dorfeinwohnern den Wohlstand des glücklichen Müllers verdächtigt, und sie aufgefordert, dessen Mühlwerk genau zu durchsuchen. Dieß sei nun am 12. März, dem Gregoriustag, 1216 geschehen, und der boshafte Müller selbst hätte dann, wie von ungefähr, zur Auffindung geholfen, welche natürlich großes Aufsehen erregt, und den unschuldigen Müller so in Schrecken gesetzt habe, daß dieser in die Stadt geflohen sei, um sich daselbst zu verbergen. Auf die Anzeige im Dorfe von diesem Vorgange sei der Ortsgeistliche im priesterlichen Ornate herbeigeeilt, um in reine Leinwand die heilige Hostie aufzunehmen, die ihm indessen der gottlose Müller bereits in einem Becher entgegen getragen. Die Hostie sei bis dahin unverändert geblieben; aber nun, als der Geistliche sie auf die reine Leinwand gelegt, sei Blut aus derselben über seine Hände geflossen. Als der Ruf von diesem Wunder hieher, nach Memmingen gekommen, habe der damalige hiesige Offizial oder bischöfliche Vi-

kar, *Heinrich Nogunk,* den Prediger *Landolt* mit seinem Diener an Ort und Stelle geschickt, um sich darüber näher zu erkundigen, und als dieser die heilige Hostie noch voll Blut gefunden, hätte er sie nach der Stadt getragen, wo sie später vom Bischof Siegfried von Augsburg in eine Monstranz eingeschlossen worden. Zur Anbetung sei sie in der St. Martinskirche niedergelegt worden.

DAS ›EICHEKÄPELE‹ BEI MINDELHEIM

Im ebenen Feld, wo man von Mindelau nach Mindelheim geht, steht eine Kapelle, von mächtigen Lindenbäumen beschattet, die man gemeinhin das »Eichekäpele« heißt. In der grauen Vorzeit, wo noch viel Wald herum war, fuhr einmal ein Bauer, Holz zu fällen, da vorbei. Plötzlich vernahm er aus einer alten, hohlen Eiche eine gar liebliche Musik, so daß selbst die Pferde unwillkührlich inne hielten. Er stieg ab, nahm seine Axt und hieb auf den Baum zu. Da fiel aus der gespaltenen Rinde ein Muttergottesbild zu Füßen des staunenden Fuhrmannes. Die fromme Kindlichkeit der damaligen Zeit erbaute bald an dieser Stelle eine hölzerne Kapelle und Viele wallfahrteten zur wunderthätigen Muttergottes im Eichenkäpele. Man erzählt sich auch, daß man im Laufe der Zeit habe eine steinerne Kapelle bauen wollen über dem Bilde; aber in der Nacht sei die Mauer, die man am Tage aufgerichtet, immer wieder eingestürzt. Darum ist das Kirchlein bis auf den heutigen Tag noch ein hölzernes geblieben.

VERSUNKENE STADT

In dem Urbar der Herrschaft Mindelheim wird ein Platz die *alte Stadt* bei dem Pfarrdorf Erisried genannt. Es geht davon die Sage, vor Alters wäre auf demselben Platze eine Stadt gestanden, später aber versunken; einmal hätten auf dem Platze Schweine geweidet und durch Wühlen den Kirchthurm entdeckt; aus diesem hätte man sodann die Glocken genommen und sie in den Thurm der Kirche zu Mussenhausen gebracht, wo sie jetzt noch hängen.

Es war im Jahre 1635, am 1. Juni, als nächtlicher Weile bei einem dicken Nebel eine Eskadron schwedischer Reiter an die Thore von Mindelheim kam, auf der Stelle zwei wachthabende Soldaten erschossen und die übrige Garnison in solchen Schrecken versetzten, daß sie keine Gegenwehr wagte. Der Feind hatte also bei offenen Thoren freien Eintritt, doch er machte Halt und ein Reiter kam in die Stadt, nahm von einem Bäckerladen ein Brod, zeigte es seinen Kameraden und rief ihnen zu, herein zu kommen, Alles sei sicher, jedoch eine Kriegslist ahnend, zogen sie friedlich ab, der Vorfall aber gab zur Sage Anlaß, ein Husar habe die Stadt Mindelheim erobert.

URSPRUNG DES KRUMBADES

Anno 1390 war in einem Ansehen Herr Ritter Ulrich von Ellerbach; der hatte zur Ehefrauen Adelhaiden, geborne von Roth, adelich und ehrlichen Wandels. Als er aber einsmals nach einer verrichten Reise, von ihr einen bösen Argwohn geschöpft, hat er sie im jähen Zorn verfolgt, und da sie ihm in einen Stall entwichen, sie in demselben verbrannt, deren Reliquien nach Wettenhausen gebracht und in der Ellerbachischen Kapell im Kloster begraben worden. Zu Bezeugung ihrer Unschuld ist ein Brunn entsprungen, der noch heutiges Tages der Brandbronn, sonsten aber, wegen des ein Viertelstunde davon entlegenen Marktfleckens Krumbach, das Krum- oder Krumbacher Bad genannt wird.

DAS LORETTOKIRCHLEIN BEI BURGAU

Neben dem Schloßberge erhebt sich in gleicher Richtung der Lorettoberg, auf welchem ein kleines Kirchlein steht, welches still und anmuthig auf die blühenden Fluren des Mindelthals herab sieht. Gerne flüchten sich aus dem Treiben der Welt fromme Betende in dasselbe und es knüpft sich an das Kirchlein eine jener ergreifenden Sagen, wie sie nur dem kindlichen Gemüthe eines noch unverdorbenen Volkes entsprießen können.

Still und friedlich lebte Agnes, die Gattin eines Herrn von Burgau, auf ihrem Schlosse, doch wie groß war ihr Schmerz, als ein kaiserlicher Befehl ihn an den Hof rief. Ihre trüben Ahnungen gingen auch bald in Erfüllung, denn die Feinde ihres Gemahls erstiegen mit Hülfe eines Verräthers in finsterer Nacht das Schloß und bald erfüllte Geräusch der Waffen, Weherufe der Sterbenden und das Siegrufen der Eindringlinge die kurz vorher so friedliche Wohnung.

Vor Schrecken fiel Agnes in Ohnmacht, aus welcher sie in einem finstern Kerker im Lorettoberge wieder erwachte.

Inbrünstig betete sie zu Gott und ergab sich in seinen heiligsten Willen. Von inniger Verehrung gegen die Gottesmutter durchdrungen, bat sie ihren Kerkermeister nur um ein Bildniß der Gebenedeiten. Doch in rohem Spotte gab man ihr zur Antwort, sie sollte nur aus einem Holzscheite ein solches machen, worauf sie vertrauend, daß dem frommen Glauben kein Werk unmöglich, nur ein Werkzeug hiezu verlangte. Höhnisch reichte man ihr eine rostige Messerklinge mit dem Bedeuten, wenn sie mit solchem etwas zu Stande bringe, sollte sie alsbald in Freiheit gesetzt werden.

Allein dieß war unmöglich und in fruchtlosem Bemühen schlief Agnes endlich ermattet ein. Da erfüllte plötzlich, wie der Schlummernden däuchte, himmlischer Glanz den düsteren Kerker, sie erblickte die Muttergottes vor sich, welche sprach: »Dein Vertrauen zu mir sei nicht unbelohnt. Hier sind drei Bilder von mir, baue ein Kirchlein über deinem Kerker und bringe das eine dieser Bilder hinein, das andere sende nach Rom, aber das dritte nach Paris. Vertraue meinem Schutze fernerhin.«

Als nun am Morgen die Feinde Agnesens kamen, um Spott mit ihr zu treiben, zeigte sie ihnen hochbegeistert und wundersam gestärkt die drei Bilder, welche sie erwachend an ihrem Lager gefunden hatte. Grausen und Entsetzen faßte die Bösewichte und achtungsvoll führten sie die Gräfin aus dem Kerker in jene Gemächer der Burg, welche sie früher bewohnt hatte. Sie ergriff die erste sich darbietende Gelegenheit zu entfliehen und war schon bis zum Dorfe Rösingen gekommen, als sie vermißt und auch gleich mit wüthender Hast verfolgt wurde. Aber siehe, da schwärzte sich mit einem Male der heitere Himmel und es erhob sich mitten im heißen Augustmonat ein so furchtbares Schneegestöber, daß jede Verfolgung unmöglich war.

Agnes kam in Sicherheit und fand bald ihren Gemahl wieder, der in kurzer Zeit das Schloß wieder eroberte und wie im Triumphe seine fromme Gemahlin in dasselbe zurückführte. Und nicht lange stand es an, da erhob sich auf der Anhöhe neben dem Schlosse ein Kirchlein, in dem wie im stolzen Paris und im weltherrschenden Rom die Gnadenbilder der Gottesmutter vielen Tausenden Trost und Hoffnung einflößten.

STIFTUNG DES KLOSTERS WETTENHAUSEN

Zwischen Ulm und Augsburg, am Flüßchen Camlach, liegt das Augustinerkloster Wettenhausen. Es wurde im Jahre 982 von zwei Brüdern, Conrad und Wernher, Grafen von Rochenstain, oder vielmehr von deren Mutter Gertrud gestiftet. Diese verlangte und erhielt von ihren Söhnen so viel Lands zur Erbauung einer heiligen Stätte, als sie innerhalb eines Tages umpflügen könnte. Dann schaffte sie einen ganz kleinen Pflug, barg ihn in ihrem Busen und umritt dergestalt das Gebiet, welches dem Kloster unterworfen wurde.

GEISTERZUG IM SCHLOSSE AICHHEIM

Unfern der Iller in reizender Lage erhob sich nahe dem Markt Illeraichen das alte, großartige Schloß Aichheim, vormals Wohnsitz der mächtigen Grafen von Aichheim, Rechberg und Limburg-Styrum. In diesem weitläufigen Gebäude wohnte bis zum Abbruche desselben im Jahre 1837 eine Beamtenfamilie. Ein Knabe, das einzige Söhnlein des Hauses, vergnügte sich oft mit Spielsachen ganz allein in den großen alten Sälen des Schlosses. Da kam einmal der Knabe außer Athem zu seinem Vater gelaufen und erzählte, wie er so eben im Kaisersaal allein gewesen sei und gespielt habe, da sei die Thüre aufgegangen und ein Zug von Rittern und Frauen hereingekommen, die sich an der Hand führten, in prächtigen, rauschenden Gewändern. Sie wären alle weinend durch den Saal gezogen; am Ende wäre ein Fräulein gekommen, das ihm gewinkt hätte, worauf er davon gelaufen.

Noch heutiges Tages soll sich das Fräulein öfters in der Halde sehen lassen, wo es den Leuten zuwinkt. Auch sagt man, daß alljährlich um Ostern die alten Grafen und Gräfinnen großen Umzug im Schlosse hielten; 1837 vor dem Abbruche des Schlosses seien sie weinend erschienen, weil zum letzten Male.

DIE GEISTERFAHRT ZU GÜNZBURG

Zu den sogenannten heiligen Zeiten sahen oft Leute in der Mitternachtsstunde aus dem Schlosse zu Günzburg einen schwarzen Wagen, den vier Rappen zogen, und Männer in Trauerkleidern mit verhülltem Antlitze ziehen. Ein Bürger, welcher im Wirthshause des Guten zu viel gethan haben mochte, sah am Nachhauseweg den Gespensterzug nahen und stellte sich trotzig demselben in den Weg; vielleicht glaubte er, weil einem Besoffenen ein Fuder Heu ausweiche, daß auch Geister Respekt vor ihm haben würden. Aber er wußte nicht, wie ihm geschah, als er sich wie von sausendem Wirbelwinde gepackt fühlte und am Morgen auf einer Wiese gegen Burgau erwachte. Später fand man beim Bauen im Schlosse einen todten Körper und begrub ihn auf dem Kirchhofe. Von dieser Zeit an kehrte die Erscheinung nicht wieder, daher man glaubte, der Verstorbene habe in geweihter Erde begraben sein wollen.

DIE NÄCHTLICHE SPINNERIN ZU GÜNZBURG

Spinnen in der Samstagsnacht galt im vorigen Jahrhundert für eine große Versündigung, der sich so leicht nicht Jemand theilhaftig machen wollte. Aber damals war in Günzburg eine geizige Frau, welche regelmäßig auch diese Zeit benützte, etwas zur Vermehrung ihrer Leinwand beizutragen. Einmal hatte sie so bis Mitternacht gesponnen, als sich auf einmal eine Gestalt, in welcher sie mit Schrecken ihren längst verstorbenen Großvater erkannte, mit Grabestönen vernehmen ließ: »Ungerathene Enkelin, alle diese Spindeln mußt du in einer Stunde voll gesponnen haben, sonst drehe ich dir den Hals um!« wonach das Gespenst verschwand. Die Frau hatte Todesschrecken und verschwur hoch und theuer das Spinnen am Samstage für immer. Sie wollte fliehen, aber sie gewahrte erst jetzt, daß sie sich nicht vom Stuhle heben könne; da kam ihr endlich in ihrer Angst ein Einfall: sie wickelte alle Spindeln voll Flachs, welchen sie außen umspann und wurde eben fertig, als die Gestalt wiederkehrte und sprach: »das hat dir Gott gerathen, es hätte dich das Leben gekostet!« worauf sie verschwand und die Frau sich wieder bewegen konnte.

DER SCHWÄBISCHE HERKULES

Im Dorfe Bächingen lebte im vorigen Jahrhundert ein überaus starker Mann. Vieles erzählt man sich beim Lampenscheine der winterlichen Spinnstube von seinen Thaten. Einmal war er in einem würtembergischen Dorfe Knecht und bekam mit seinem Bauern Streit, und als derselbe fluchend auf ihn eindrang, ergriff er ihn bei der Gurgel und warf ihn zur Scheune hinaus. Der wüthende Bauer rief nun nach den Nachbarn, die auch anrückten, doch der mannhafte Knecht trieb sie denselben Tag mehrmals in die Flucht, schnitt immer wieder ruhig sein Futter weiter, und legte sich Abends im wohlverschlossenen Stadel schlafen. Am Morgen erneuerten die Bauern den Angriff in vergrößerter Anzahl und litten endlich Sturm und schrieen, wie es in würtembergischen Dörfern, wenn man einen prügeln will, Sitte ist: »Uf ihn, uf ihn, er ist von Ulm!«

Der Pfarrherr kam auch und wollte vermitteln, doch eben machte der Bächinger mit einem gewaltigen Prügel einen Ausfall, warf viele zu Boden, prügelte Manchen und trieb die Uebrigen in die Flucht, so daß ihm um die eigene Haut bangte und er sich im Stalle versteckte. Der Knecht aber packte seine Habseligkeiten zusammen, zündete seine Tabakspfeife an und ging ganz ruhig zum Dorf hinaus der Heimath zu und verdiente dort sein Brod. Damals war auf den Kopf des sogenannten bayeri-

schen Hiesels ein bedeutender Preis gesetzt, doch der Hiesel war um seiner Stärke willen weit und breit gefürchtet, und Niemand getraute sich an ihn. Nun erblickte ihn unser Bächinger einmal im Holze bei Obermedlingen und zwar ohne den Hund Tiras, schnell ging er auf ihn zu und ehe Hiesel noch zu den Waffen greifen konnte, hatte ihn der Bächinger zu Boden geworfen und wurde nach verzweifelter Gegenwehr über den Hiesel Herr und wollte ihm eben ganz ordentlich die Hände auf den Rücken binden, als er durch den Waldweg die Gesellen des Hiesels heraneilen sah und zu gleicher Zeit der Gebundene grimmig um Hilfe brüllte.

Da dachte der Bächinger an das, was ihn immer abgehalten hatte Soldat zu werden, nämlich: daß er nicht hieb- und kugelfest sei, flüchtete sich in das Holz und entkam auch glücklich jeder Verfolgung, war aber erst aus aller Angst, als der Hiesel in Dillingen hingerichtet wurde, wobei er gemüthlich zuschaute. Er ließ sich hierauf, wer sollte es glauben, zu Bächingen als Webermeister und Taglöhner nieder, und würde er nicht längst schon im Reiche der Todten wandeln, könnte er noch seine Abentheuer mit den Revolutionsmännern im Franzosenkrieg, deren er eine Menge erlebt haben soll, selbst erzählen.

DER KETTENTRÄGER ZU GUNDELFINGEN

Lange schon war in Gundelfingen, wie in allen Orten des Herzogthums Neuburg die katholische Religion auf das Strengste verboten und diejenigen, welche an dem Glauben ihrer Väter festhielten, wurden mit Kerker, Einziehung ihrer Güter und Landesverweisung bestraft. Aber dennoch hatte der alte Glaube noch treue Anhänger, die insgeheim die Ceremonien ihres Kultus feierten.

In Gundelfingen hatte sich schon seit Jahren ein Spanier, Don Alfonso geheißen, niedergelassen, der, so streng seine Landsleute gemeinlich der katholischen Religion ergeben, ihr ärgster Feind zu sein schien. Seine innige Bekanntschaft mit dem herzoglichen Pfleger zu Gundelfingen, dem Konrad Güß von Güssenburg, mißbrauchte er zum größten Schaden der heimlichen Katholiken. Seinem Späherblicke entging kaum einer der Altgläubigen und schon mehrere derselben hatte er in den Kerker und an den Bettelstab gebracht.

Eines Abends kam er hastig zu dem Pfleger und eröffnete ihm, wie er soeben erfahren, daß die Katholiken der Umgegend sich nächtlicherweile in den Ruinen von Faimingen versammelten, um dort unter Leitung eines Geistlichen Religionsübungen anzustellen. »Heute Nacht«, meinte er, »werden wir sie überfallen und wenn reiche Leute unter ihnen sind, für unsere Tasche ein schönes Profitchen machen.« – Er redete noch, als dem Pfleger einfiel, daß in dem benachbarten Gemache eine Dienerin mit dem Putzen des Zimmerbodens beschäftigt war und machte dieses dem Spanier bemerkbar, der einen grimmigen Fluch that, zu dem Mädchen eilte und ein scharfes Verhör mit ihr anstellte. Obschon sie nun behauptete, von der Unterredung der beiden Männer nichts vernommen zu haben, so ließ sie doch der Spanier einen hohen Eid schwören, heute mit keinem Menschen ein Wort mehr zu reden, worauf die beiden Männer das Gemach verließen, um Anstalt zur Bewaffnung ihrer Diener zu machen, mit deren Hülfe sie die Katholiken gefangen nehmen wollten.

Die arme Magd aber wollte fast verzweifeln, denn ihre

Eltern waren katholisch und sie selbst hatte erst kürzlich in der Versammlung zu Faimingen das heilige Abendmahl empfangen und nun konnte sie ihre Glaubensgenossen nicht einmal warnen.

Bald trat auch die Nacht ein; finster und wolkenbedeckt war der Himmel. Nahe beim Dorfe Faimingen, hart an den Ufern der Donau, welche sich seitdem bedeutend zurückgezogen hat, lagen mächtige Ruinen und Trümmerhaufen; denn einst hatten die Römer hier eine starke Burg zum Schutze der Donaubrücke errichtet, und in deren Ueberbleibsel hatten die Edlen von Flachberg im Mittelalter ihr Schloß hineingebaut, doch nun lagen die Gemächer öde und verlassen und dienten nur Füchsen und Eulen zur Wohnung. Doch heute schlich sich eine Gestalt um die andere durch das mit Epheu bewachsene Portal und als endlich eine beträchtliche Anzahl von Personen in der großen Halle versammelt war, verhängten sie mittelst ihrer Mäntel und Tücher die kärglichen Fensteröffnungen und zündeten Blendlaternen an und harrten sehnsüchtig. Ueber die Donau schwamm um diese Zeit ein einfacher Fischerkahn, nur von einem Manne gelenkt, der am Ufer angekommen über die Trümmer kletterte und bald unter den Versammelten erschien, die ihn mit stillem Händedruck begrüßten. Es war der Angekommene ein frommer Priester aus der Markgrafschaft Burgau, der gekommen, ihnen die Tröstungen der Religion zu spenden, unter seinem Mantel ein Kästchen hervorlangte, welches aufgeschlagen einen tragbaren Altar vorstellte, und sich eben anschickte, das heilige Meßopfer zu entrichten, als die Stille der Nacht plötzlich auffallend gestört wurde.

Von dem Eingange der Ruinen erscholl es mit lauter Stimme: »Da komm' ich her von Gundelfingen und hinter mir sind die Schergen, welche meine Eltern und die andern Katholiken gefangen nehmen wollen, und ich habe hohen Eid geschworen, heute mit keinem Menschen mehr zu reden. So rede ich denn zu dir du alter Eichbaum, der nicht fühlt, welche Qual mein Herz durchbohrt.« Aufmerksam hatte die Versammlung ge-

horcht, die Eltern hatten die Stimme ihrer Tochter erkannt und schnell ergriff Alles die Flucht. Der Priester war der letzte, welcher ging, er wäre lieber Märtyrer für seinen Glauben geworden. Und kaum war eine Stunde verflossen, so trat der Spanier mit den Bütteln und Schergen ein, und durchstöberte fluchend und scheltend die Ruinen, in welchen er zu seinem größten Aerger Niemand finden konnte. Endlich glaubte er sich in dem Tage geirrt zu haben, und ein andersmal glücklicher zu sein. Doch dieß andermal kam nicht, denn etliche Wochen hernach starb der Herzog des Landes, und sein Sohn, der ihm in der Regierung folgte, war vor kurzem selbst Katholik geworden und führte diese Religion ebenso eifrig ein, als sie vorher verfolgt worden war. Das getreue Häuflein der Katholiken zu Gundelfingen hatte die Freude, in der Person jenes Geistlichen, (er hieß Molitor) einen Pfarrer zu erhalten, der seine Stelle rühmlichst, selbst in den größten Drangsalen des dreißigjährigen Krieges versah.

Der Spanier, Don Alfonso, den man für einen so eifrigen Protestanten gehalten, hing jetzt den Mantel nach dem Wind und änderte schnell seinen Glauben, ohne jedoch aufzuhören Wucher zu treiben und Geld zusammen zu scharren. Er war allgemein verhaßt und Jedermann glaubte, als man ihn eines Morgens vom Schlage getroffen mit schwarzblauem Gesichte todt im Bette fand, der Teufel habe ihn geholt und gönne seiner Seele im Tode keine Ruhe. Denn bald hieß es und heißt bis auf unsere Zeiten so, er wandle zu gewissen Zeiten mit Ketten an Händen und Füßen nächtlich als Gespenst in der Nähe seines ehemaligen Wohngebäudes. Man hieß diesen Geist im vorigen Jahrhundert nur den Kettenträger oder auch Kettenmann.

Jedes Kind kann dem Fremdlinge zu Lauingen die an der gegen die Donau führende Straße gelegenen Wirthshäuser zum Adler und zur Krone zeigen. Beide Gebäude sind sehr merkwürdige Holzbauten und stehen, ein ernstes Denkmal aus vergangenen Tagen, wohl erhalten schon seit dem vierzehnten Jahrhundert. Die Sage rankt sich hinauf an den alten Gebäuden und erzählt dem Forscher folgende Begebenheit.

An der Stelle, wo sich jetzt die beiden Gasthöfe befinden, erhob sich aus der Zeit herstammend, wo Lauingen noch ein Dorf war, ein großes weitläufiges Gebäude, dessen Besitzer neben einer ausgebreiteten Oekonomie eine Wirthschaft betrieb. Ritter und Ritterfrauen, Edelknechte und Knappen wie dienstsuchende Reisige kehrten häufig ein und zechten wacker. Der Besitzer des Gasthof hatte zur Bezeichnung desselben kecken Muthes das deutsche Reichswappen, den Adler mit der Kaiserkrone, hinausgehängt. Als er starb, wollte jeder seiner Söhne das väterliche Anwesen haben, und da sie Zwillinge waren, konnte nicht einmal das Recht der Erstgeburt entscheiden. Beide Brüder standen in der Blüthe des Lebens, frisch und fröhlich und der Waffen kundig; hatten sie ja oft genug mit den Gästen ihres Vaters zur Übung gefochten und auch im Ernste schon tapfer drein geschlagen, wenn die Sturmglocke die wehrhafte Jugend der Stadt zum Zuge gegen die Raubritter des Donaugaus rief.

Ungeachtet ihres Streites um die väterliche Hinterlassenschaft, kamen die beiden Brüder fast ein Jahr lang ziemlich gut mit einander aus, bis der eine, Werner geheißen, sich mit einer ehrbaren Bürgerstochter verlobte und

mit deren Heirathgute dem Bruder das Recht auf sein Anwesen abkaufen wollte. Als er aber dieses offenbarte, war sein Bruder vor Zorn ganz ausser sich. »Mein väterliches Erbe verkaufe ich um ein Kaiserthum nicht«, schrie er trotzig. »Bestehst du aber so sehr auf dem Besitze desselben, wohlan, du kannst es umsonst erhalten oder du mußt ihm für immer entsagen. Laß uns streiten; der Sieger mag Herr des Hauses sein!«

Des Bruders höhnische Rede erzürnte auch Werner und rasch griff er, ohne sich nur noch einen Augenblick zu bedenken, nach dem Seitengewehr, das damals jeder Mann an seiner Hüfte trug und in wenig Augenblicken hieben und stachen beide Brüder wüthend aufeinander los und der entsetzliche Kampf endete erst, nachdem Werner durch einen Stich in die Brust getroffen mit lautem Aufschrei zu Boden stürzte.

Es war, als ob dieser Anblick die Denkungsart des kaum so leidenschaftlichen Klaus gänzlich veränderte. Denn außer sich vor Schreck stürzte er zu dem Hingesunkenen und bemühte sich, das Blut zu stillen, das aus dessen Wunde quoll; doch vergebens. Die Dienstboten waren herbeigeeilt und drängten in ihn, sich zu flüchten, bevor das Gericht sich seiner bemächtigte. Willenlos ließ sich Klaus bewegen, ein Pferd zu besteigen, aber dann ritt er, als wollte er dem eignen schmerzlichen Bewußtsein entfliehen, im sausenden Galopp über die Donaubrücke und über die Haide. Ihm begegneten Dienstmannen des Ritters von Ellerbach, der eben im Begriffe stand, mit Herzog Leopold von Österreich in den Krieg gegen die Schweizer zu ziehen. Schnell trat Klaus in dessen Dienste und bald brach man von Burgau auf.

Wohl war es ein schönes Ritterheer vom Kopf bis zum Fuß geharnischter Mannen, das Herzog Leopold gegen die Schweizer führte, welche nicht viel andere Waffen besaßen als unerschrocknen Muth und das Bewußtsein,

für Haus und Hof, Weib und Kind zu fechten. – Bei Sempach kam es zur Schlacht. Viele hundert Grafen, Freiherrn und Ritter fanden den Tod, auch ihr Anführer Herzog Leopold.

Klaus, der zur Rettung seines Herrn herbeigeeilt war, lag schwerverwundet auf dem Schlachtfelde und glaubte mit dem Tode sein Vergehen gegen den Bruder gut zu machen. Aber als am Tage nach der Schlacht die Schweizer die Todten plünderten, nahm sich einer derselben des Verwundeten an, schützte ihn gegen die Drohungen seiner Landsleute, nahm ihn mit sich nach Haus und verpflegte ihn sorgfältig. Klaus genas wieder und blieb Jahr und Tag im Bauernhause der Schweiz ein düsterer, verschloßner Mann, den man niemals lächeln sah, denn sein Gewissen ließ ihm keine Ruhe. Endlich nahm er Abschied von der biedern Schweizerfamilie, die ihn nur ungern ziehen ließ und wanderte schweigend der Heimath zu.

Als er aber beim Donauthor hereinschritt, fand er das älterliche Wohnhaus nicht, an dessen Stelle standen zwei Häuser, welche sich in ihrem Aeußern nur wenig von einander unterschieden. Und als er in die Wohnstube des einen Hauses trat, um zu fragen, wie das sich alles verändert habe, trat ihm gesund und lebensfrisch sein Bruder Werner, den er getödtet zu haben glaubte, mit ausgebreiteten Armen entgegen, drückte ihn liebvoll ans Herz und rief: »Sei tausendmal willkommen, liebster Bruder, ich lebe und nimmermehr soll zwischen uns beiden Streit und Unfrieden herrschen!« Und als sich beide von der ersten Überraschung erholt hatten, fuhr er fort: »Siehe ich habe die Ursache unseres Zwistes, das Haus, niederreißen lassen, und ließ zwei gleiche Wohnungen errichten, wähle, und willst du diese, so ziehe ich in die andere, willst du jene, so bleibe ich hier!« Und bald begrüßte auch Werners Weib den Bruder des Gemahls und ihre Kinder umsprangen fröhlich den Vetter.

Klaus nahm das leerstehende Haus in Besitz und die beiden Brüder theilten das Wappen, das ehemals die väterliche Schenke bezeichnete. Werner nahm den Reichsadler und Klaus die Krone.

Ohne Zank und Hader lebten die beiden Brüder ferner zusammen, und als Klaus nach Jahr und Tag ein niedliches Schweizermädchen, die Tochter des wackern Landmannes, der ihn vom wüsten Schlachtfelde gerettet, zum Weibe nahm, da war die Freude und der Jubel in Lauingen groß, und wohl oft haben seitdem Geigen und Flöten im Gasthof zur Krone aufgespielt und die Fenster von den Tritten der Tanzenden erklirrt, aber niemals so, wie an dem Tage, wo Klaus Hochzeit mit dem Vreneli hielt.

DIE ST. LEONHARDSKIRCHE BEI LAUINGEN

Unweit Lauingen, von der Stadt durch die Donau getrennt, liegt in einsamer Abgeschiedenheit, umgeben von Obstgärten, die St. Leonhardskirche. Wir folgen bei Beschreibung ihrer Geschichte einer Schrifttafel, welche seit alter Zeit in der Kirche hing, von Zeit zu Zeit wieder erneuert wurde und ihre gegenwärtige Gestalt der Aufmerksamkeit des Freiherrn J. W. v. Syrgenstein verdankt.

Der erste, der die Idee zu dieser Kapelle faßte, war Meister Balthasar, ein Orgel- und Lautenmacher, welcher dreimal in Rom war; das erste Mal als er dreißig Jahre alt, dann als er fünfzig zählte, wo Gnaden- und als er fünf und siebenzig zählte, wo Jubeljahr war. Er war auch zweimal zu Köln bei der heil. drei Königen- und

St. Ursula-Gesellschaft, dann auch oft bei St. Leonhard in Bayern. Allzeit hat er von eigenen Mitteln gezehrt und machte diese Reisen nicht um eitler Ehre, sondern um seines Seelenheiles willen.

Ihm erschien im Traume St. Leonhard und zeigte ihm die Stadt und den Ort mit der rechten Hand und sagte: »da sollst du mir eine Kapelle bauen.« Doch als er solches den Leuten erzählte, verspotteten sie ihn, weßwegen er das Bauen unterließ und sich begnügte, am bezeichneten Orte ein Bildstöcklein aufstellen zu lassen. Doch als er vier Jahre hernach in große Noth kam, gelobte er, wenn ihm aus selber geholfen, die Kapelle also zu bauen, wie ihm zweimal geträumt, und alsbald ist ihm geholfen. Er fing nun sogleich zu bauen an, und als beim Bau viele und große Wunder geschahen, wurden so viele Opfergaben vom Volke gespendet, daß die Kapelle leicht vollendet werden konnte.

Angefangen wurde der Bau um den St. Kreuztag 1440 und eingeweiht drei Tage vor Galli 1444. Bischof Johan-

nes von Augsburg versprach Allen Ablaß, die Almosen hieher geben würden und Kardinal Wilhelm mit noch 13 Kardinälen ertheilte unter Papst Sixtus IV. dieser Kapelle ebenfalls Ablaß.

Ueberaus fleißig wurde von der Stadt und deren Umgegend diese Kapelle so lange besucht, bis die Reformation ihre Erfolge auch in der Gegend fand, dann wurde sie fast gänzlich ruinirt und ihre Geräthschaften und Ornate zu profanen Zwecken verwendet; – aber dennoch wurde sie, – man schien Ehrfurcht vor diesem Zeugnisse der Frömmigkeit der Vorältern zu haben, – nicht völlig zerstört. Als aber der unselige dreißigjährige Krieg seinen Fortgang hatte, kam 1646, nachdem früher schon zweimal die Schweden übel gehaust, die französische Armee an die Donau, legte Garnison nach Lauingen und zerstörte weit und breit Alles, was die Schweden verschont hatten. Sie vermehrten die Befestigungen der Stadt, verderbten dabei alle Baumgärten durch Umhauen der Bäume und Herausstechen des zum Schanzen verwendeten Grasbodens. Unter andern schönen Gebäuden wurde auch die St. Leonhardskirche zerstört bis auf die vier Hauptmauern, in deren Inneres ein Roßstall eingebaut wurde. So blieb alles bis zum Jahr 1664, wo bei einer abzulegenden Spitalrechnung auch dieser Kapelle gedacht und beschlossen wurde, sie wieder herstellen zu lassen; hierzu wurde auch gleich eine namhafte Summe angewiesen. So wurde mit Beisteuer der Bürgerschaft und Umgegend der Bau also hergestellt, wie er noch jetzt zu sehen.

Um die Kirche herum ist eine sehr schwere Wagenkette befestigt und es heißt: ein Fuhrmann der in Gefahr kam, nicht nur ein herrliches Gespann Pferde, sondern auch das geladene große Gut zu verlieren, habe sie, als er durch Fürbitte St. Leonhards der Gefahr entgangen, hieher machen lassen.

DIE VERZAUBERTE KANNE

Es war im Winter eines der letzten Jahre des vorigen Jahrhunderts, als ein Holzhacker in dem sogenannten untern Holze beim Ausgraben des Wurzelstockes einer Eiche, mit der Haue auf einen harten Gegenstand hieb, welcher sich bei näherer Untersuchung als eine große zinnerne Kanne erwies. Sie war ungewöhnlich schwer, und der Finder hocherfreut, denn er meinte, sie müsse voll Gold und Silber sein.

Er machte sobald als nur thunlich Feierabend und verfügte sich mit seinem vermeintlichen Schatze nach Hause. Dort konnte er kaum erwarten bis man Licht herbeibrachte, denn schon war es Nacht geworden und man läutete eben den englischen Gruß. Er versuchte nun den Deckel der Kanne zu öffnen, doch ging dies nicht so leicht von Statten, denn derselbe war sorgfältig mit Draht umwunden und über demselben befand sich noch ein wunderliches Siegel. Da holte der Holzhacker ein Stemmeisen herbei und bald sprang der Deckel ab. Wer beschreibt aber den Schrecken des guten Mannes, als aus der Kanne dickes Gewölke aufstieg, dieses sich endlich nebelartig zusammenballte und in Form eines menschlichen Wesens an das Tischeck setzte.

Der Holzhacker betete, was ihm nur einfiel; dieß schien jedoch auf das gespenstartige Wesen keinen Eindruck zu machen und vor Entsetzen fast außer sich, eilte der Mann zu einem hiesigen Geistlichen und erzählte diesem die räthselhafte Begebenheit. Der Geistliche nahm zwei geweihte Kerzen und zündete selbe auf dem Tische, wo das Wesen noch immer weilte, an, gürtete die Stola um und las aus dem Benedictionale dreimal die Beschwörung. Das drittemal löste sich die Gestalt wieder in Nebel auf und ging in die Kanne zurück, welche man sogleich wieder verschloß und versiegelte. Andern Tags mußte der Mann sie an demselben Ort, wo er sie gefunden hatte, wieder vergraben, und oft erzählte er noch, daß ihm nie ein Weg so viele Schweißtropfen ausgepreßt, als jener, welchen er mit der Kanne beladen, zum Holze einschlug.

Was es mit der Kanne für eine Bewandtniß hatte, ist nie bekannt worden. Der Holzhacker mußte jedoch viel Spott und Hohn wegen dieser Geschichte ausstehen.

Vor langer Zeit war im Dienste der Stadt ein Holzwärter Namens Rasch, der jedoch bei dem ihm anvertrauten Amte nicht mit der Treue und Gewissenhaftigkeit zu Werke ging, wie es Recht und Pflicht von ihm heischte, sondern auf alle mögliche Weise Betrügereien trieb. Dafür soll nun sein Geist nach dem Tode keine Ruhe haben, und bis auf den heutigen Tag in dem Ort seiner zeitlichen Frevel wandernd gesehen werden. Ein Glaubwürdiger erzählte davon Folgendes: er war mit seiner Hausfrau in dem Wald, die Flicken genannt, um Streu zu sammeln. In dem Eifer der Arbeit verloren sie sich mählich tiefer in den Wald, bis sie an die Grenze des Stadtholzes kamen und der Mann einen Schatten vor sich erblickte.

Er blickte auf, da stand ein Mann im Gesträuche, welchen unser Bürger freundlichst grüßte, ohne jedoch einer Antwort gewürdigt zu werden: darüber verwundert, betrachtete er den Fremden näher und fand, daß sich eigentlich kein Gesicht, sondern nur eine Art Nebel an der Stelle desselben befand. Grausen und Entsetzen überkam ihn nun und er rief: »Jesus, Maria und Joseph! was ist das?« Und kaum hatte er diese Worte ausgesprochen, so war die Erscheinung spurlos verschwunden, und schien in das in der Nähe befindliche Altwasser hineingefahren zu sein, denn dessen ruhige Oberfläche tobte auf einmal hoch und ein Wirbelwind erhob sich, der die Bäume des Waldes zu entwurzeln drohte, aber sich eben so schnell wieder legte, als er entstanden war. Der Bürger eilte nun zu seinem Weibe, welches alles bemerkt hatte und ausrief: »Gottlob Mann, daß du kommst, ich habe den Rasch auch gesehen!«

Die Hirtenbuben auf dem Spitalhofe haben ihn, wenn

sie nächtlicher Weile hüten mußten, oft erblickt; und einer derselben höhlte daher einen hohlen Weidenbaum noch weiter aus, bis er seine Person darin verbergen konnte, und dahinein verkroch er sich, so oft brüllend das Vieh in der Mitternachtsstunde davonlief und die unheimliche Gestalt heranzuwandeln begann. Sie soll ein dreckiges Hütchen, enges Kamisol und hohe Stiefel getragen haben, wie man sich in alten Zeiten kleidete. In neuerer Zeit soll er sich nicht mehr gezeigt haben, aber mehrere Jäger, welche in den Altwässern des obern Holzes auf dem Anstand waren, wollen ihn zum größten Mißvergnügen gehört haben, und zwar auf dem Wasser herumschlagend, was sie zwang, ohne Beute nach Hause zu gehen.

ALBERTUS MAGNUS RETTET DEN PAPST

Bruder Albert war wohl bekannt mit dem Papste. Es geschah aber, daß er mit demselben lustwandelte, und sie wollten in einem Schifflein auf der See fahren, und nahmen nur wenige von des Papstes Dienern mit sich. Nicht lange darnach sah der Papst wohl sieben Schiffe mit Kriegsvolk, das wohl geharnischt und wohl bewehrt. Der Papst begann zu verzagen und das mochte er wohl mit Recht, denn sie umringten sein Schiff und kamen näher, um ihn zu fangen; von Sicilien waren sie und Manfred (Kaiser Friedrichs II. Bastardsohn) hatte sie gesandt, weil der Papst Herrn Friedrich mit seinem Bannfluch belegt hatte; das wollten sie rächen an ihm und hatten alle Tritte des Papstes erspäht. Hätte Bruder Albert ihn nicht geschirmt, er wäre ihnen nicht entgangen. Große Angst befiel den Papst und Alle, die mit ihm waren, nur nicht

Bruder Albert. »Ergebt euch,« riefen die Feinde, »oder ihr seid des Todes!« Der Papst sprach: »Was sollen wir thun, lieben Freunde? Ist keiner unter euch, der uns rathen kann, wie wir entkommen mögen?« Bruder Albert sprach: »Herr, ich könnt' uns wohl von ihnen befreien, aber es wäre gegen euer Gebot. Hätt' ich Urlaub hier, meine Kunst zu gebrauchen, sie sollten Alle fliehen in Furcht und Angst.« Der Papst sprach: »Albert, thu' das, ich gebe dir Urlaub dazu für nun und für dein ganz Leben; thust nichts Arges damit, dann absolvire ich dich von aller Sünde dabei.« Das hatte der Papst kaum gesagt, als die Andern flohen, wie wenn der Teufel sie gejagt hätte, so großer Schrecken überfiel sie; sie meinten, die ganze Welt wäre über sie hergefallen. Also wurde der Papst gerettet durch Bruder Albert und kam ohne einigen Schaden nach Rom. Bruder Albert hatte aber dadurch die Erlaubniß gewonnen, frei und sonder Sünde die schwarze Kunst zu üben.

DER GROSSE SCHIMMEL ZU LAUINGEN

Am dritten Stockwerke des sogenannten Hofthurmes zu Lauingen ist gemalt ein großer, galoppirender Schimmel mit der Jahreszahl 1260 und der Inschrift: »Im Jahre 1260 zur Zeit Alberti Magni war in Lauingen ein weißes Pferd geboren, so von Leib sehr groß und hoch, auch fünfzehn Schuech lang worden, und seines schnellen Lauffes und hohen Springens halber sehr wundersamb gewesen.« Nach der Sage soll dieser Schimmel so hoch gewesen sein, daß man eine Leiter gebrauchen mußte, um ihn zu besteigen, während er willig der Leitung seines kleinen Wärters folgte.

Auf dem Hofthurm der Stadt Lauingen findet sich folgende Sage abgemalt. Zur Zeit, als die Heiden oder Hunnen bis nach Schwaben vorgedrungen waren, rückte ihnen der Kaiser mit seinem Heere entgegen und lagerte sich unweit der Donau zwischen Lauingen und dem Schloß Faimingen. Nach mehreren vergeblichen Anfällen von beiden Seiten kamen endlich Christen und Heiden überein, den Streit durch einen Zweikampf entscheiden zu lassen. Der Kaiser wählte den Marschall von Calatin (Pappenheim) zu seinem Kämpfer, der den Auftrag freudig übernahm und nachsann, wie er den Sieg gewiß erringen möchte. Indem trat ein unbekannter Mann zu ihm und sprach: »Was sinnst du? ich sage dir, daß du nicht für den Kaiser fechten sollst, sondern ein Schuster aus Henfwil (später Lauingen) ist dazu ausersehen.« Der Calatin versetzte: »Wer bist du? Wie dürfte ich die Ehre dieses Kampfes von mir ablehnen?« »Ich bin Georg, Christi Held,« sprach der Unbekannte, »und zum Wahrzeichen nimm meinen Däumling.« Mit diesen Worten zog er den Däumling von der Hand und gab ihn dem Marschall, welcher ungesäumt damit zum Kaiser ging und den ganzen Vorfall erzählte. Hierauf wurde beschlossen, daß der Schuster gegen den Heiden streiten sollte. Der Schuster übernahm es, und besiegte glücklich den Feind. Da gab ihm der Kaiser die Wahl von drei Gnaden sich eine auszubitten. Der Schuster bat erstens um eine Wiese in der Nähe von Lauingen, daß diese der Stadt als Gemeingut gegeben würde. Zweitens, daß die Stadt mit rothem Wachs siegeln dürfte, welches sonst keinem mittelbaren Ort verstattet war. Drittens, daß die Herren von Calatin eine Möhrin als Helmkleinod führen dürften. Alles wurde ihm bewilligt, und der Daumen St. Georgs sorgfältig von den Pappenheimern aufbewahrt, die eine Hälfte in Gold gefaßt zu Kaisheim, die andere zu Pappenheim.

’S HERRGOTTSRUAKLÖASTERLI

’S ischt a mol a bidschöas Mädli z’Lauinga gwea, dia ischt a Klostarfro woara, weil ihr ihr Vater ihran Schatz öt zuam Maa gea hott. ’s Kloastr wo sie Nonn woara ischt, ischt dau dusa gstau, wo ma da Berg ins Weihgoi

nah gat. Sellmol hat der wild Schwed im Land ghaust und ihr Schatz ischt beiam Soldat woara u. hat's bis zum Offizirer braucht. Er ischt wiedar int Gegat komma u. hat se mit der Nonn verschwoara, sie ausm Klostar zholla u. alles Gold u. Silber so im Gotteshaus drina lieg mit se znehma. Der Offizirer ischt richti in dr Nacht komma, aber 's Ding hatn Lärm geba u. Dianstbota im Klostar hant se gwehrt u. durch a Ungschick hat der Offizirer sein oigana Schatz, die sell Nonn, verschossa, u. wie er fürchti jomarat hat, hant seine Leut 's Kloastar in Brand gsteckt u. dös ist verbronna.

Sei Lebtag hat ma vom Offizirer öx meh ghört; d'Nonn aber hot ma oft gseha, den se got als Goischt um, und der waus erlösa thuat, griegt a ganza Truha voll Geld.

JUNGFER KÜMMERNISS

Aus alter Heidenzeit hatte sich in Deutschland die Verehrung einer Heiligen eingeschlichen, deren Namen weder ein Kalender nennt, noch die ein Papst je heilig sprach. Ein sehr gelehrtes Buch könnte über diese Mythe geschrieben werden, hier nur die Sage. – Ein heidnischer König hatte eine wunderschöne Tocher, zu welcher viele ihrer Schönheit wegen hingerissen wurden. Dieß betrübte jedoch das gute Prinzeßchen in hohem Grade, und als heimliche Christin bat sie Christus, ihre Schönheit zu verderben, und sie hörte gleich eine Stimme schallen: »Wohlan, du sollst mir gleichen!« –

Und von Stund an verwandelte sich ihr weibliches Angesicht in ein männliches, das mit stattlichem Barte geschmückt war. – Ihr Vater war furchtbar zornig, als sie ihm alles gestand und sprach: »du sollst noch mehr deinem gekreuzigten Gotte ähnlich werden«, und nach seinem Befehle kleidete man sein Kind mit einer groben Kutte, und ließ ihr von der vorigen Herrlichkeit nur die goldne Krone und die goldnen Schuhe, und nagelte sie mit den Händen an ein Kreuz, wo sie bald starb.

Nach mehrern Tagen zog ein armer Geiger des Weges, dessen Weib und Kinder zu Hause fast verhungerten. Da dachte er, wenn die gute Prinzessin noch lebte, gäbe sie mir gewiß, um meine Noth zu lindern, einen ihrer goldenen Schuhe und er fing unbewußt zu geigen an und siehe ein goldner Schuh löste sich vom Fuße der Prinzessin, den der Geiger in die Stadt trug und verkaufen wollte. Doch hier ergriff man ihn und führte ihn zu dem König, der ihn als Dieb des Schuhes zum Galgen verurtheilte; doch sprach der König: wenn auf abermaliges Geigen die Prinzessin auch den andern Schuh fallen lasse, sei ihm nicht nur verziehen, sondern er selber wolle Christ werden. Da fiel wieder beim Saitenklange ein Schuh und König und Volk wurden Christen und die bärtige Prinzessin ehrbar begraben.

Unter dem Volk ging schon Jahrhunderte die Mähre, wer in große Noth komme und sich mit einem Bilde der Prinzessin Kümmerniß verlobe, dem werde geholfen, wie jenem armen Geiger. In vielen Kirchen findet man daher auch der Prinzessin gekreuzigtes Bild, so in Lauingen zweimal, wovon das eine die Jahrzahl 1675 trägt. Auch in den Dörfern der Gegend findet man viele, welche jedoch einen andern Ursprung haben. Am Wege von Dillingen nach Steinheim steht einsam das St. Leonhardskirchlein. Aber man schien vor hundert Jahren in ihr nicht St. Leonhard, sondern die Jungfrau Kümmerniß zu verehren, denn alle Wände waren mit obenerwähnten

Bildern bedeckt. Zufällig erfuhr dieß ein eifriger Bischof (Umgeltner?) und ertheilte den Befehl, sämmtliche Bilder binnen kurzem zu verbrennen. Schnell war diese Nachricht in der Gegend verbreitet, und die Bauern eilten, die Bilder, welche sie oder ihre Ahnen aufgehängt, vor den Flammen zu retten, so daß die bischöfliche Kommission gar wenig zu zerstören fand.

Als später diese Kapelle in ein Pulvermagazin verwandelt wurde, sagten die Bauern kurzweg: da sieht man wie's kommt, zu St. Kümmernißzeiten hätte man der Kapelle nichts thun dürfen, aber St. Leonhard hat's nicht verhindern können. – Die Tradition ist fast verklungen, doch wurde sie einigen Soldaten bekannt, welche mit einem schlechten Weibsbilde, der sie längst müde waren, nächtlicher Weile von Steinheim nach Dillingen gingen. Sie verabredeten sich, aus ihr eine »Kümmerniß« zu machen, und nagelten sie wirklich durch die Kleider so geschickt an die Kapellenthüre, daß sie ohne andern Schaden als der Angst, hängen bleiben mußte, bis Leute kamen, welche die neue Martyrin erlösten.

DIE MÜHLE ZU STEINHEIM

Der dreißigjährige Krieg wüthete mit seinem namenlosen Schrecken schon viele Jahre in Deutschland und auch das Dorf Steinheim war von einer zerstörungssüchtigen Soldatenschar vernichtet worden. Die Bewohner des Ortes behalfen sich so gut sie konnten, bauten leichte Bretterhütten und waren froh, mit dem Leben davongekommen zu sein. Auch die Mühle war abgebrannt, doch der betriebsame Müller hatte den Muth nicht verloren, und fuhr das Korn, bis seine Mühle wieder gebaut war, sechs

Stunden weit bis in das Karthäuserthal, ließ dort mahlen und führte das Mehl dann den Kunden zu.

In reizender Abgeschiedenheit ist dieses Karthäuserthal eine der entzückendsten Partien, die es in hiesiger Gegend geben mag. Malerisch ergeben sich aus dem waldbewachsenen Thale, im Umkreise von kaum einer Stunde, die zerstörten Schlösser Hoch- und Niederhaus, sowie das Kloster Christgarten. Zu der Zeit, wo der Müller seine Fahrten dorthin machte, lag Schloß Hochhaus noch stolz auf dem Berge, seine beiden Nachbarn waren aber schon Ruinen und dort wo einst die Klosterquelle ihre krystallhellen Fluthen in marmornes Bassin ergoß, floß sie nun über Trümmer und Steingeröll, umwuchert von Schlingpflanzen und üppigem Gesträuche. Schon mehrmals hatte der Müller, wenn er um die Mittagszeit nach Hause fuhr, bemerkt, daß in diesem Quell sich etwas Weißes bewege, schenkte ihm aber nie Aufmerksamkeit. Einstmal kam er etwas früher als gewöhnlich, und bemerkte ganz deutlich, wie aus dem Gesträuche eine weiße Schlange schlüpfte, die ein funkelndes Krönlein auf dem Haupte trug. Dieses legte sie auf die Brombeerstauden am Quell und badete sich dann lustig darin. Da schlich der Müller herbei, bemächtigte sich der Krone und jagte dann mit seinen Pferden davon. Aber die Schlange ringelte sich dem Wagen nach und ließ einen gellenden Pfiff ertönen, worauf von allen Seiten Blindschleichen, Nattern und Schlangen sich auf den Wagen und die ängstlich schnaubenden Rosse warfen, welche die Säcke zerbissen und als alles Mehl ausgelaufen, sich um den Müller ringelten, der sich von ihnen nur durch Hinwegwerfen der Krone befreien konnte, worauf die Schlangen von ihm abließen. Wohlbehalten, aber

ohne Krone und ohne Mehl kehrte er nach Hause zurück; doch das Glück schien fortan auf seinem Hause zu ruhen, und obwohl seit jener Geschichte an 200 Jahre verflossen, sind die Müller auf jener Mühle stets wohlhabende Leute geblieben.

Von jener Mühle erzählt man sich noch folgende Geschichte. Es ist ein uralter Glaube, daß, wer in der Christnacht ein Stühlchen aus neunerlei Holz fertige und in der Kirche daraufknie, alle bemerken könne, welche im folgenden Jahr sterben werden, ebenso alle Hexen, welche verkehrt dastehen sollen. Am Heimweg von der Kirche dürfe man jedoch nicht umsehen, da einem sonst Schlimmes begegne. Nun erprobte dieß ein Knecht in jener Mühle, blickte aber beim Hinweggehen um und kam erst in der Frühe mit zerfetzten Kleidern und todtbleichem Gesicht zu Hause an. Gegen jene, die ihn fragten, was ihm begegnet wäre, sagte er nur: was er gethan, thäte er um alles Gut der Welt nicht mehr, was er gesehen, sei schauderhaft, doch er erzähle es nicht.

DER GRIECHE

Prachtvoll residirte zu Dillingen der Bischof Petrus von Schauenburg, der später Kardinal wurde. Freund ritterlicher Ergötzungen ließ er manches Ritterspiel in seinem Schloßhofe aufführen und bewirthete dann die zahlreichen Gäste, welche seine Freigebigkeit stets um ihn versammelte, fürstlich. Herr Petrus war ein feiner, weltkluger Mann, der auf dem Concilium zu Basel gewesen und in manchen Staatsangelegenheiten von den Königen Englands und Frankreichs, wie von den Herzogen von Burgund und jenen von Bayern zu Rathe gezogen wurde.

Als im Mai 1453 das griechische Kaiserthum mit seiner Hauptstadt Konstantinopel in die Hände der Türken gefallen, fanden sich fast an allen deutschen Höfen flüchtige Griechen ein. Auch Herr Petrus nahm sich eines solchen Vertriebenen huldreich an, umsomehr, als derselbe durch seine Gelehrsamkeit und sein Wissen als Arzt diese Güte auch in reichlichstem Maaße zu verdienen schien. – Der Grieche, welcher sich mit seinem Diener hier niedergelassen, hieß Kartaphilus, und oft wurde er, als sich sein Ruf immer mehr verbreitete, zu Kranken gerufen. Doch seltsam war es, wenn er sah, daß so ein Patient rettungslos verloren, harrte er mit gespannter Aufmerksamkeit auf den letzten Atemzug desselben, küßte ihm denselben von den Lippen und hauchte dann in eine gläserne Phiole, welche er sorgfältig wieder verschloß. In das Gemach, welches er in einem Thurme des Schlosses bewohnte, durfte außer seinem Diener Niemand und es hieß, er mache dort für den lebenslustigen Fürstbischof Gold. Der Grieche mußte schon sehr alt sein, denn sein Bart war schneeweiß und sein Gang gebückt. Plötzlich war er verschwunden und sein Diener gab nur verlegene Antworten über den Vermißten, so daß der Bischof das Thurmgemach mit Gewalt öffnen ließ. Da fand man die Luft voll Qualm und Dunst, räthselhafte Kreise auf dem Boden gezeichnet und in einer Ecke den Griechen mit umgedrehtem Halse und zerschmettertem Gehirne, das an den Wänden verspritzt war.

Der Diener aber sagte aus: daß sein Herr sich im Gemache verschlossen und ihm strenge befohlen, so lange Niemand vor ihn zu lassen, bis er sich wieder zeige. Er wisse aus manchen Reden desselben, daß er im Glauben gestanden, mit Hilfe eines Dämons und des letzten Lebenshauches, welchen er seit Jahren von Sterbenden gesammelt, sich wieder verjüngen zu können; das Experiment müsse jedoch mißlungen sein. Der Bischof ließ den Leichnam auf dem Schindanger verscharren und somit glaubte Jedermann die Sache beendigt.

Nun ließ sich seit undenklichen Zeiten in den unterirdischen Gewölben des Schlosses ein harmloser Hausgeist sehen. Schattenartig schwebte ein gespenstartiger Reiter, den ein schwarzer Pudel begleitete, durch die Räume, verschwand jedoch jetzt auf einmal, als in den obern Gemächern ein so heilloser Spuck begann, den Jedermann dem Griechen zuschrieb, daß der Bischof schon im Begriffe stand, nach Augsburg zurückzukehren; dieß geschah aber nicht, da ein Exorcist den Spuckgeist, der sich ihm in Koboldsgestalt zeigte, in ein Gefäß bannte, welches man in der Gegend verscharrte. Von dieser Zeit begann auch der geisterhafte Reiter wieder seinen Ritt, den er vielleicht bis auf den heutigen Tag fortsetzt.

DER HOIMANN UND DAS WILDE GEJÄG UM WERTINGEN

Es trieben sich früher um Wertingen zwei Kobolde herum, welche dem nächtlichen Wanderer den Weg oft sehr sauer machten. Der erste ist der berüchtigte Hoimann, so genannt, weil er immer mit dem Rufe: »Hoi, hoi« sich kund gab. Besonders hatte er es darauf abgesehen, die Leute irrezuführen. Bald erschien er als wundersamer Zwerg, mit einem dunkelrothen Mantel und einem großen Hute mit zurückgeschlagener Krempe. Der Wanderer sah ihn plötzlich vor sich hergehen, ohne zu wissen, woher er gekommen. Mit grinsendem Lächeln winkte er immer und unwillkürlich mußte ihm dieser folgen, bis er ihn endlich irre geleitet hatte. Er erhob hierauf ein durchdringendes Gelächter und verschwand, und in weiter Entfernung tönte dann wieder sein: hoi, hoi!

Bald kam er als große, magere Gestalt, einen grauen Mantel nachläßig über die Schulter hinabhängend und schaute dem Wanderer schnurgerade und unverrückt in's Gesicht, so daß dieser sich nicht rühren konnte und wie hingebannt dastand. Nach einigen Minuten verschwand er wieder. Wenn Pferde ihn schreien hörten, schnaubten sie ängstlich und waren keinen Tritt weiter zu bringen und Hunde suchten winselnd Schutz unter ihres Herrn Füßen.

Die zweite Erscheinung ist das »wilde Gejäg«. Der Wanderer hört plötzlich von ferne eine herrliche Musik und ein lieblicher Geruch duftet ihm entgegen. Er wird dadurch so begeistert, daß es ihn unwillkürlich nach jener Gegend zieht. Wie täuscht er sich aber, wenn er näher kommt! Die vorher so bezaubernde Musik ist jetzt abscheuliches Geschrei und Pfeifen, und der liebliche Ge-

ruch unerträglicher Gestank. Da rauscht es plötzlich über seinem Haupte dahin, wie das Brausen des Sturmwindes und eine Menge Raben fliegen in der Luft. Nicht selten nahm es auch schon Leute mit und trug es mehrere Meilen weit fort.

DIE GERETTETE UNSCHULD

Der Ruf vandalischer Grausamkeit ging den Schweden schon voraus und das Geschrei »die Schweden kommen« war hinreichend ganze Ortschaften zu entvölkern. Alles, was gesunde Füße hatte, suchte sein Heil in der Flucht. Nur schwache Greise, kleine Kinder und kranke Personen waren die Zurückgebliebenen, gegen welche die Schweden um so grausamer verfuhren, da sie die einzigen Opfer ihrer Rache waren.

Es lebte damals in Wertingen eine Jungfrau, die, schön wie der Frühling, ihre Eltern über alles liebte. Mit Schrecken und böser Ahnung hatte sie oft von den Grausamkeiten der Schweden in andern Ländern gehört, wie Jungfrauen von ihren Eltern gerissen und schmachvoller Entehrung preisgegeben wurden, und diese Gedanken hatten in stiller Nacht oft schon ihre Augen mit Thränen der Furcht gefüllt.

Ihre Befürchtungen waren leider nicht ohne Grund, denn auch in Wertingen ertönte eines Tages der Ruf: »die Schweden kommen«. Wie ein elektrischer Schlag wirkte dieser Ruf auf Alle. Man raffte in aller Eile das Nothwendigste zusammen und der Wald wurde als vorläufiges Asyl gesucht. Das Schreien der Kinder, das Händeringen der Mütter mag wohl manchem Vater das Herz durchschnitten haben.

Auch unsere Jungfrau war mit dem Zusammenraffen des Nothwendigsten beschäftigt, nahm still unter Thränen von ihrem elterlichen Hause Abschied und schloß sich mit ihren Habseligkeiten einem Zuge an, indem sie glaubte, ihre Eltern befänden sich bei den vorauseilenden Haufen. Im Walde begegnete man sich gegenseitig und wer malt den Schrecken des Mädchens, als sie nirgends ihre Eltern finden konnte. Endlich erfuhr sie, daß sie jenseits des Thales dem Walde zugeeilt seien. Der erste Schmerz war der schrecklichste, sie konnte nicht weinen.

Man hatte sich bei der Ankunft der Schweden tiefer in den Wald zurückgezogen und mehrere Wochen vergingen ohne Gefahr. Oft ging die Jungfrau in stiller Nacht aus ihrem Verstecke hervor dem Hügel zu, und schaute so wehmütig über das Thal hinüber nach dem Walde, der ihr Theuerstes, ihre Eltern barg. Weder der kalte Nachtzug, noch die Unsicherheit der Gegend hielt sie von diesem nächtlichen Besuche ab. Wenn sie sich dann ausgeweint und dem Monde, der so eben über das Thal dem Walde zuzog, viele Grüße an ihre Eltern mitgegeben hatte, eilte sie mit nassem Blicke wieder dem Walde zu. Doch auch dieser Trost wurde ihr entzogen, da die Gegend immer unsicherer wurde. Das war für die kindliche Liebe der Jungfrau zu viel. Sie entschloß sich lieber zu sterben, als länger über das Schicksal ihrer Eltern ungewiß zu sein und von ihnen getrennt zu leben. Es war mondhelle Nacht, als das kühne Mädchen aus dem Walde hervoreilte und mit scheuem Blick in der Gegend umherspähte, ob sie nichts entdecken könnte, und als ihr Auge nichts sah, ging sie, sich Gott empfehlend, flüchtigen Schrittes wieder weiter. Es war ihr so bange um's Herz und gerne hätte sie weinen mögen, hätte es die Angst ihr zugelassen. Doch fühlte sie sich wieder gestärkt, als sie sich vor ein Feldkreuz, das am Wege stand, niedergeworfen und recht innig gebetet hatte.

Sie konnte jetzt das ganze Thal übersehen.

Viele Wachtfeuer waren um Wertingen herum angezündet und um dieselben Truppen gelagert, deren wilder Gesang weit in der Gegend herum gehört wurde. Eine niegefühlte Angst bemächtigte sich ihrer, als sie die Anhöhe herunter stieg, denn jedes Gesträuch sah sie für Feinde an und an dem Rauschen ihres eigenen Kleides glaubte sie den Tritt eines Schweden zu hören. Glücklich war sie in das Thal gelangt und feuriger schlug ihre Brust bei dem Gedanken, daß sie jetzt ihre Eltern bald wieder sehen werde. Aber plötzlich gebot hinter ihr eine rauhe Stimme »halt«. Unwillkürlich sah sie um und erblickte einen hochstämmigen Schweden hinter ihr, dessen blanke Rüstung beim Scheine des Mondes hell glänzte. Entkräftet sank sie auf den Boden, als sie sich verrathen sah, und schon glaubte sie das Schwert in ihrem Herzen zu fühlen, schon das warme Blut auf den Boden fließen zu hören. Aber wie erstaunte das unschuldige Mädchen, als er sie freundlich umfaßte und so schön mit ihr that, als wäre er ihr eigener Bruder. Bald hätte sie ihn als ihren Retter begrüßt, bald in ersucht, sie bis an jenen Wald hin zu führen und zu schützen, da erwachte in ihr plötzlich der Gedanke an ihre gefährdete Tugend und dieser Gedanke gab der schwachen Jungfrau wieder Kraft und Muth. Sie entwand sich schnell seinen umschlingenden Armen und flog eilends davon. Der getäuschte Schwede schäumte vor Wuth und stürzte ihr mit gezogenem Schwerte nach. Willst du das Opfer meiner Lust nicht werden, so bist du als Opfer meiner Rache mir gewiß, dachte der wilde Krieger in seinem Herzen. Die Angst lieh indeß dem Mädchen Flügel und schon war sie ihm

um Vieles voraus, als sie plötzlich am Ufer der Zusam stand und nirgends eine rettende Brücke sah, denn in der Eile hatte sie den Weg verfehlt. Da warf sich das fromme Mädchen auf die Knie nieder und vertrauensvoll ihre Augen zum Himmel erhebend und ihre Hände faltend, flehte sie zur Himmelskönigin, wenn nicht um Rettung ihres Lebens, doch um Rettung ihrer Tugend – und die himmlische Jungfrau erhörte sie. – Ein überirdischer Glanz verbreitete sich um sie und von sanfter Hand fühlte sie sich hinübergetragen an's jenseitige Ufer der Zusam. Geblendet vom himmlischen Glanze vermochte sie erst nach einiger Zeit die Augen wieder aufzuschlagen und erst jetzt sah sie, was mit ihr vorgegangen war. Im Gefühle der Andacht und des wärmsten Dankes fiel sie wieder auf die Erde und dankte inbrünstig für ihre Rettung. Bald war sie nun im Walde, wo sie ihre hartgeprüften Eltern, die sie schon als todt beweinten, wieder fand. Der schwedische Soldat wurde von seinen Kameraden des andern Tages am Ufer der Zusam todt liegend gefunden.

An der St. Michaelskirche auf dem Friedhofe zu Wertingen ist die Begebenheit in einem Bilde versinnlicht, wie ein Engel die Jungfrau über die Zusam hinüber führt und wie der Schwede vernichtet am jenseitigen Ufer steht.

DAS KREUZBILD ZU BIBERBACH

Der unglückliche Schwedenkrieg ließ auch Wertingen nicht verschont. Die Kirche, ja selbst der Ort des Heiligsten, der Tabernakel wurde erbrochen und die Hostien auf dem Boden herumgestreut. Ein würtembergischer Fuhrmann, der Wein nach Augsburg führte, fand auf der

Straße im Kothe ein Kreuz liegen, wie es von den wilden Horden zertreten und mit Unflath ganz überzogen war. Der Fuhrmann, dem es in der Seele wehe that, daß das Bildniß seines Erlösers von unheiligen Händen so geschändet wurde, hob es auf, legte es auf seinen Wagen und fuhr wieder weiter. Als er in Biberbach den Berg hinauf fuhr, blieb plötzlich der Wagen stehen und konnte trotz der größten Anstrengung der Pferde nicht weiter gebracht werden. Man eilte ihm zu Hilfe, spannte mehrere Pferde an den Wagen, allein auch dieses half nichts. Endlich zog man das Kreuz hinter den Fässern hervor und siehe! der Wagen konnte wieder ungehindert dahinziehen. Dieses Kreuz prangt noch heute in der Wallfahrtskirche in Biberbach auf dem Altare und gläubig wandeln viele Tausende nach dem Gnadenorte, wo der Heiland auf so sichtbare Weise ausgesprochen hat: »Hier will ich wohnen!«

DER TABACKSHÄNDLER ZU OSTENDORF

In dem am Leche gelegenen, zum Pfarrdorfe Westendorf gehörigen, Filialdorfe Ostendorf, befindet sich im Presbyterium der Kirche ein römisches Monument, welches den Gott Bacchus selber oder einen Verehrer des Gottes darstellen soll. Sein Haupt ist mit dichtem Epheu bekränzt, sein Mantel zurückgeschlagen, in der Linken hält er einen Thyrsusstab und in der Rechten ein Rebmesser, während zu seinen Füßen rechts drei mit vielen Reifen versehene Weinfässer aufeinander liegen. Über dieses Bild geht eine gar sonderbare Sage unter den Bewohnern des Dorfes. Es soll nämlich dasselbe den Stifter der Ortskirche, einen reichen Tabackshändler vorstellen, zu des-

sen Füßen auch die dafür gehaltenen Tabacksrollen angebracht wären. Dieser habe zwar sein ganzes Vermögen der Ortskirche vermacht, aber weil er unkeusch gelebt habe, sei er zur Strafe und gleichsam zur Kirchenbuße nur mit halb bedecktem Oberleib dargestellt worden. Die Tafel, welche seine Schandthaten erzählte, habe ein frommer Pfarrer beseitigen lassen.

SAGEN VOM SCHLOSSE LECHSGEMÜND

Wo sich die Fluthen des Lechs und der Donau vereinigen, ragen hoch auf gewaltigem Felsen die Mauerreste der ehemaligen stolzen Veste Lechsend oder Lechsgemünd empor. Weithin herrschte sie vor Zeiten über das umliegende Land, gefürchtet von den Umwohnern, besonders aber den vorüberziehenden Donaufahrern und

Kaufleuten. Denn die Ritter waren gottlose Räuber, die von ihrem Felsenneste auf schnellen Rossen die Wanderer überfielen und beraubten, die Donau aber mit langen Ketten sperrten und alsdann die Schätze der Ulmer oder Regensburger Kaufherrn zu ihrem Eigen machten. Dann hausten sie lustig auf ihrer Burg von dem gestohlenen Gut, hielten Bankett über Bankett und tranken den besten Rheinwein aus goldenen Pokalen. So lebt die Erinnerung an die Gefürchteten noch im Munde des Volkes. Aber das Volk weiß auch noch, wie Gottes Strafe über die Ritter kam und ihre stolze Burg durch Feuer in einen Schutthaufen verwandelt wurde. Auch haben die Todten keine Ruhe. Noch versammeln sie sich um Mitternacht zum rauschenden Gelage, und lärmen und toben, bis der Hahn den Tag verkündet. Dann ist Alles wie auf einen Schlag wieder verschwunden.

Auf Donauwörths Hofburg, im fürstlichen Saal
Saß Ludwig des Bayers holdsel'ges Gemahl
Im Kreise der tröstenden Frauen.
Ihr Herr war gezogen in's Lager am Rhein,
Vergebens schon harrte seit Monden sie sein,
Das füllte die Brust ihr mit Grauen.

Sie schrieb ihm ein Brieflein mit ängstlicher Hand,
Versiegelt mit röthlichem Siegel am Rand
Doch ein zweites mit schwärzlichem Wappen
Schrieb sie auch in Züchten und Ehren gemeint,
An Ritter von Hirschau, Herrn Ludwigs Freund,
So gab sie die Brieflein dem Knappen.

Ein tapferer Ritter im Waffengewühl
War Heinrich von Hirschau; in Kurzweil und Spiel
Geübt und beliebt auch bei Frauen;
Wo Schwerter erklangen, war stets er voran,
Doch ließ er auch gern als ein muntrer Kumpan
Im wirbelnden Reigen sich schauen.

Oft bat er zu glänzen in stolzem Turnier
Die Fürstin: »O dürft' ich nach Rittergebühr
Euren eigenen Ritter mich nennen,
Wohl trüg' eure Farb' ich zu rühmlicher Schau.« –
Doch nimmermehr wollt' ihm die edele Frau
Die Ehre des Vorzugs vergönnen.

Es stand in dem Brieflein, das sie ihm gesandt:
»Vertraut ward euch Ritter! mein köstliches Pfand,
Ach! rathet dem Herzog zum Frieden!

Und bringt ihr ihn glücklich der Gattin zurück
Dann sei Euch zum Danke mit freundlichem Blick,
Was längst ihr schon wünschtet, beschieden!«

Doch leider das Brieflein, das sie ihm gesandt,
Gab der thörichte Knapp' in Herrn Ludwigs Hand.
Kaum trauend den forschenden Sinnen
Erstieg der Ergrimmte das flüchtige Roß,
Und jagte voll Argwohns zurück auf's Schloß,
Tod schnaubend und wüthend von hinnen.

Es saß sonder Ahnung sein frommes Gemahl
Auf Donauwörths Hofburg im fürstlichen Saal,
Herein stürzt mit Zittern und Zagen
Ein Fräulein: »Schon klirrt auf der Treppe sein Sporn
Es naht der Herzog in grimmigem Zorn,
Schon hat er den Schloßvogt erschlagen.«

Und kaum daß das Fräulein gesprochen das Wort,
So sank sie vom Schwerte des Herzogs durchbohrt
Im Blute der Fürstin zu Füßen,
»Euch«, brüllt er, »euch hab' ich mein Bestes vertraut,
Wohl hab' ich auf trügrische Wächter gebaut,
Nun sollt ihr den Meineid mir büßen!«

Drauf wandt' er zur Gattin den glühenden Blick,
»Nun magst du bescheiden dem Ritter das Glück,
Das du freundlichen Blicks ihm versprochen,
Hat darum, dich Schlange! dein stolzes Brabant
Mein Haus zu beschimpfen hierher mir gesandt?
Selbst hast du den Stab dir gebrochen.«

»Wie trüg' es des Bayers altfürstliches Blut?
Vertilgt wird die Schande mit Gold nicht und Gut,
  Mit weibischem Flehn nicht und Zagen.«
Er winkte den Dienern, – er schwur ihr den Tod, –
Ihr reines Blut färbte den Estrich bald roth, –
  Das Haupt ihr vom Rumpfe zu schlagen.

Da füllte die Hofburg Entsetzen und Graun,
Es ließ sich kein lebendes Wesen mehr schaun
  In den blutigen, schweigenden Hallen,
Sie floh'n vor dem Sturme der tobenden Wuth;
Doch endlich begann auch sein kochendes Blut
  In kälterem Laufe zu wallen.

Nun schien ihm ein Kerker sein einsames Schloß,
Umsonst hofft er Ruhe mit schnellem Geschoß
Durchstreifend den Forst zu erjagen;
Ihm ward nicht des Friedens erheiterndes Glück,
Es verfolgt durch den Wald ihn mit strafendem Blick
Die Unschuld, die frech er erschlagen.

Oft sah er in Nächten, in quälendem Wahn
Im blutigen Gewand die Erschlagenen nah'n
Und flehende Hände sie ringen;
Er sah die Gattin in himmlischem Glanz
Und Engel der Lilien silbernen Kranz
Um die leuchtende Stirne ihr schlingen.

Da ergriff ihn mit flammenden Schmerzen die Reu';
Bald traten viel redlicher Zeugen herbei,
   Für Mariens Unschuld zu sprechen;
Auch dräute Herr Heinrich laut zürnend vom Rhein,
In offnem Gericht vor der Fürsten Gemein
   Die beleidigte Ehre zu rächen.

Nun irrt' er umher in unendlichem Weh,
Es bestreut ihm die Locken der Kummer mit Schnee,
   Die bräunlichen Wangen erbleichten,
Er floh zu der Kirche verzeihender Huld,
Und eilte nach Rom, um die brennende Schuld
   Dem heiligen Vater zu beichten.

Zwar ward ihm die Sünde des Mordes verzieh'n;
Doch mußt er dem Geiste Mariens zur Sühn'
   Heimkehrend ein Kloster erbauen;
Da schlummert ihr Leichnam in marmornem Schrein,
Noch kehren viel pilgernde Frauen dort ein,
   Mit Thränen ihr Grab zu beschauen.

KLOSTER KAISHEIMS ENTSTEHEN

An der Stelle, wo die gewaltigen Fluten des Lechs und der Donau sich vereinen, erhob sich auf steiler Felsenhöhe die Burg der mächtigen Grafen von Lechsgemünd, später von Graisbach genannt. Heinrich der Zweite, Graf von Lechsgemünd, hatte mit seiner zweiten Gemahlin Luikard, Gräfin von Abensberg, nach frommer Sitte mächtiger Altvordern beschlossen, ein Kloster zu gründen. In diesem Gedanken bestieg er im Jahre 1133 sein

Roß, ritt von Lechsgemünd hinaus in den Wald Haidwang, und als das Thier an einer Quelle mitten zwischen drei Bergen stille stand, erkannte er den höheren Wink, stieg ab, und bezeichnete mit seiner Streitaxt den Ort, wo das Kloster sich erheben sollte. Sogleich begann der Bau und zwölf Mönche des Cisterzienser-Ordens mit Ulrich dem ersten Abte, wurden vom Kloster Lützel herbeigerufen, und das Kloster von seiner Lage am Kaibach Kaisheim genannt.

LEGENDE VON ENTSTEHUNG DER WALLFAHRT ZU WEMDING

Gegen Ende des siebzehnten Jahrhunderts lebte zu Wemding ein frommer Schuster, Franz Forell, den seine Andacht mehrmal nach Rom trieb, von wo er bei der dritten Heimkehr 1684 eine aus Holz geformte Bildsäule der seligsten Jungfrau mit dem göttlichen Sohne im Arme zurückbrachte, von einer vierten Pilgerschaft aber nicht mehr zurückkam. Fünf Jahre hatte er das Bild zu Hause behalten, wobei sich fromme Bewohner des Städtleins öfter einfanden und ihre Andacht verrichteten. Ein protestantischer Reiter, der in diesem Hause einquartirt war und von unleidlichen Kopfschmerzen geplagt wurde, wendete sich auf Anrathen seines ebenfalls protestantischen Weibes zur Fürbitte Mariens und ward augenblicklich von seinen Schmerzen befreit. Diese Erhörung verbreitete sich schnell und man beschloß das Bild in den Pfarrhof zu bringen. Da geschah es, daß Kaplan Keller in der Nacht zu einem Kranken gerufen wurde nach Ammerbach. Als er keimkehrte und zum Schillerbrünnlein kam, stand ihm plötzlich eine Mauer entgegen, so daß er aller Mühe unerachtet nicht weiter konnte. In Staunen und Verlegenheit dachte er, ob es wohl nicht besser wäre, hier das Bild am Wege zur Andacht der Vorübergehenden aufzustellen. Schnell entschlossen gelobte er zu diesem Zwecke über der Quelle, an der er stand, eine Kapelle zu bauen, und selbe mit dem Marienbilde zu schmücken. Sogleich stand ihm der Weg offen und er eilte sein Gelübde zu erfüllen. Schon im Jahre 1692 wurde das Bildniß in der Kapelle aufgestellt und da der Andrang frommer Seelen immer größer wurde, so ward anstatt der Kapelle 1748 eine sehr schöne Kirche erbaut, die noch immer sehr zahlreich besucht wird. –

DIE DREI SÄRGE

Zu Harburg auf der Veste da stehn in dunkler Gruft
Drei Särge nebeneinander, umhaucht von Moderduft.

Es zog eine Jungfrau blühend in's schöne Rießerland,
Da kam der Fürst gezogen und gab ihr seine Hand.

Ihr winkte vom blonden Haare gar schön der Myrthenkranz,
Der Bräut'gam tanzt im Saale mit ihr den Hochzeittanz.

Der Frühling kam gezogen, es blühte Berg und Thal,
Die Myrth' im blonden Haare noch schöner im Fürstensaal.

Es kam der heiße Sommer, da fand der Fürst den Tod;

Da nahm sie den Wittwenschleier, weint' ihre Aeuglein roth.

Dann rauschte der Herbst vorüber in schauerschneller Flucht;
Da reift ihr unterm Herzen der Liebe holde Frucht.

Und als der Winter gekommen daher mit kaltem Zug,
Der wob um Myrth' und Blüthe ein weißes Leichentuch.

Wohl blühte der Frühling wieder: da standen in dunkler Gruft
Drei Särge nebeneinander, umhaucht von Moderduft.

Wenn man von Donauwörth an der Wörniz hinauf die Straße in das Ries verfolgt, so sieht man am rechten Ufer dieses Flusses eine Reihe von Hügeln sich erheben, die sich fernhin in die Wälder verlieren. Diese Gegend nennt man die Karab.

Vor vielen hundert Jahren lebte hier eine Gräfin von Leuchtenberg, der weithin die ganze Landschaft zu eigen war. Da geschah es, daß sie in den Tagen des Herbstes auf der Karab jagte, aber bei der Lust des Jagens sich von ihren Dienern entfernte, und einsam und verlassen durch die dunklen Forsten irrte. Umsonst ließ sie ihr Hifthorn durch die Wildniß ertönen, Niemand hörte sie, immer dichter wurde der Wald und immer tiefer die Nacht.

Also von jeder menschlichen Hilfe verlassen, wandte sie ihren Blick nach oben und that das Gelübde, alle diese Wälder, die ihr gehörten, demjenigen Orte auf ewige Zeiten zu schenken, von welchem sie zuerst Glockengeläute vernehmen würde, das sie sicher nach Haus geleiten könnte. Kaum hatte sie dieses fromme Gelübde in ihrer Seele vollzogen, da tönte fernher durch die Nacht Glockenklang zu ihren Ohren: es war das Geläute der Harburger Kirche. Die Gräfin folgte dem himmlischen Klange und gelangte wohlbehalten zu den Ihrigen. Dem Gelübde treu schenkte sie den schönen Wald der Gemeinde Harburg, welche seitdem im Besitze der *Karab* geblieben.

Anders wird diese Schenkung in der Klosterchronik von Donauwörth berichtet.

Im dreizehnten Jahrhundert lebte eine gräfliche Wittwe, namens Hilaria, auf ihren Gütern zu Lederstadt am Schellenberge bei Donauwörth. Ihr Sohn hatte sich gegen ihren Willen mit einem Edelfräulein verheirathet, worüber die Gräfin so aufgebracht wurde, daß sie den ruchlosen Entschluß faßte, ihre Schwiegertochter bei Seite zu schaffen. Bald ergab sich eine Gelegenheit, die grauenvolle That zu vollführen. Die junge Gräfin unternahm eine Reise nach dem Rhein, ohne die mindeste Ahnung, daß sie diese Reise dem frühen Tode zuführen sollte. Die sie begleitenden Diener, von Hilaria bestochen, stürzten die Gräfin bei der Fahrt über den Rhein in's Wasser. Ihr unglücklicher Gemahl wußte, als er die Nachricht erfuhr, seines Jammers kein Ende, und folgte der Hingeschiedenen bald in's Grab. Da stand nun Hilaria in ihrem hohen Alter allein und verlassen auf der Welt, ohne Erben ihrer reichen Besitzungen, ohne Frieden in ihrem Herzen. Von Gewissensbissen gefoltert, wollte sie die Blutschuld durch fromme Vermächtnisse sühnen, und überließ zu dem Ende den großen, 2400 Tagwerke haltenden Forst am Schellenberge der Stadt Donauwörth; einen zweiten schenkte sie der Gemeinde Wertingen, und auf gleiche Weise die Karab der Stadt Harburg, mit der Verbindlichkeit, daß zu ewigen Zeiten für ihr Seelenheil Stiftmessen gelesen und gewisse Gebete verrichtet würden. In Donauwörth ist in der That die Frühmesse auf den dortigen Forst gestiftet, ebenso in Wertingen und wird des Namens der Stifterin in den herkömmlichen Gebeten noch gedacht.

DAS FEUER DER HEXE

Eine Wittwe im Ries hatte einen Sohn, der war ein Einspänniger, der fuhr auf der Straße und ernährte damit seine alte Mutter; da geschah es, daß er von einem Herrn von Hohenstein gefangen und geschatzt wurde, und seine Mutter mußte ihn auslösen. Solches begab sich auch zum zweitenmal und die Mutter opferte all' ihr Hab und Gut, und löste den Sohn wieder aus. Da nun der Sohn zum drittenmale ergriffen und auf das Schloß geschleppt und in den Thurm geworfen worden, vermochte die arme Wittwe nicht noch einmal den Sohn zu lösen, denn sie war durch die vorigen beiden Schatzungen ganz verarmt. Und obschon sie sich mit flehensten Bitten an den Ritter wandte, so schlug doch deren keine an; da sprach die Frau zu dem Herrn von Hohenstein: Ihr habt mich zu einer Bettlerin gemacht! Und nun wollt ihr mir meinen Sohn im Thurme verfaulen lassen! Aber ich schwöre euch, ehe noch mein Sohn verfault, sollt ihr verdorren! – Der Ritter lachte der thörichten Drohung,

gab der Alten einen Fußtritt und ließ sie ziehen. Die Alte aber, welche eine Hexe war, machte daheim unter Zauberformeln ein Bildniß, das setzte sie in einen Hafen und rückte den zum Feuer. Am andern Morgen nach dem Frühmahl stand der Herr von Hohenstein bei einigen Edelleuten, die ihn besuchten, auf der Brücke und unterhielt sich mit ihnen; plötzlich aber begann er aufzuschreien: au! au! Das brennt, das brennt! – und krümmte sich, und schrie: Feuer! Feuer! in meinem Eingeweid! – Hu – die alte Hexe verbrennt mich! – Sattelt, sattelt mein Pferd! – und ächzte und stöhnte – und warf sich auf das vorgeführte Pferd, sprengte nach Comburg in das Kloster, ließ sich mit den Sterbsakramenten versehen, und war am andern Tage am innern Brand Todes verblichen. Er liegt zu Comburg begraben im Gang vor dem alten

Kapitelhaus. Soll der letzte Hohensteiner gewesen sein, und hätte sein Namensvetter auf dem Harz, der letzte Graf von Hohenstein, Lor und Klettenberg, nicht mit ihm getauscht, derselbe dessen Grabmal dem des biedern Ritters Götz von Berlichingen so ähnlich sieht.

GRAF ALBERT VON OETTINGEN

Graf Albert war ein Jäger brav,
Drum liebt' er nicht den Morgenschlaf;
Er schweift viel lieber durch Wälder,
Nach Wild durch thauige Felder.

So reitet er einstens durch's weite Rieß,
Als kaum die Sonne ihr Lager verließ.
Es wehten die Morgenwinde
So frühlingswarm und gelinde.

Und wie er spürt nach des Wildes Spur,
Es däucht ihm so still und schweigend die Flur.
Er spricht: »Was soll das bedeuten?«
Zu denen die mit ihm reiten.

Und alsbald einer der Diener spricht:
»Herr Graf! das schulden die Nördlinger Wicht':
Sie fangen die Lerchen zum Schmausen,
Drum ist es so still da draußen.«

Da ruft der Graf, von Zorn entbrannt:
»Ich dulde nicht solchen Frevel im Land!
Das sollen sie lassen bleiben,
Will ihnen den Spaß vertreiben.«

Herr Albert verläßt des Wildes Spur,
Er späht nach Wild auf anderer Flur;
Bald sind die Fänger gefangen,
Sie blieben in Netzen hangen.

Da sprühen die Nördlinger Wuth und Zorn,
Der Graf war ihnen schon längst ein Dorn.
Sie senden Häscher und Leute
Sofort auf gräfliche Beute.

Es jagt der Graf bald wieder im Feld,
Er hatt' sein Sinnen auf Frieden gestellt
Und reitet sorglos die Wege
Und schweifet im Waldgehege.

Da kommt ihm entgegen der Städter Schwarm,
Die Büchsen halten sie friedlich im Arm,
Und es spricht der Graf zu den Leuten:
»Sagt an, was soll das bedeuten?«

Der Vorderste deutet nach hinten zu,
Graf Albert reitet in guter Ruh.
Da plötzlich die Büchsen knallen,
Der Graf ist vom Rosse gefallen.

Die Diener flohen in Schrecken und Graus,
Der Graf haucht den letzten Seufzer aus,
Den haben die Lerchlein mit Klagen
Hinauf zum Himmel getragen.

WIE EIN GRAF VON WALLERSTEIN KLOSTER MAYNGEN GESTIFTET

Ein Graf von Wallerstein verirrte sich auf der Jagd. Er befand sich auf einmal in einer ihm gänzlich unbekannten Gegend auf weichem, unter der Last seines Rosses einsinkenden Boden. Kaum bemerkte er die Gefahr, in die er sich begeben, als er auch schon so tief in den moosigen Grund eingesunken war, daß sein Roß keinen Schritt weiter, weder vorwärts noch rückwärts zu thun vermochte. Vergebens ließ er sein Hifthorn um Hilfe erschallen. Sein Gefolge hatte ihn verloren, schon breitete sich die Dämmerung über Wald und Flur. In so großer Noth und Fährlichkeit wandte sich der Graf im Gebete zu Gott und der heiligen Maria, und gelobte, sofern er gerettet würde, auf diesem moosigen Felde den festen Bau eines schönen Gotteshauses aufführen zu lassen. Er hatte aber nicht sobald das fromme Gelübde gethan, als sich sein Rößlein leicht und frei aus dem sumpfigen Grunde emporschwang und seinen Herrn wohlbehalten zum heimatlichen Schlosse zurücktrug. Der Graf ließ, treu seinem Gelöbnisse, auf derselben Stelle ein Kloster samt Kirchlein erbauen, darinnen das Bild seiner gnädigen Retterin zum ewigen Gedächtniß aufgehängt worden.

Unter den vielen engen Gassen Nördlingens ist auch eine »Judengasse«. Den Namen soll sie von ihren früheren Bewohnern, den Juden, haben, die aber alle mit Weibern und Kindern an einem Tage erschlagen worden.

Im Laufe des vierzehnten Jahrhunderts hatten sich zahlreiche Juden zu Nördlingen niedergelassen, die sich in Kurzem noch bedeutend vermehrten, so daß ihnen in Mitte der Stadt eine ganze Straße eingeräumt wurde, worin sie auch ihre Synagoge hatten. Da sie sich bald in den Besitz einiger der schönsten Häuser der Stadt gesetzt, auch viele Bürger gänzlich ausgekauft hatten, so enstand nach und nach ein großer Haß gegen dieselben, welcher blutige Auftritte besorgen ließ. Indessen standen die Juden nicht nur unter kaiserlichem Schutze, sondern hatten auch viele und gute Freunde unter den benachbarten adeligen Herrn, denen sie oftmals aus Verlegenheiten geholfen hatten, wie sie denn von den Grafen zu Oettingen viele kostbare Pfänder und andere Verschreibungen besaßen. Also konnte es nicht leicht geschehen, daß der gegen die Juden glimmende Haß zu einem gefährlichen Ausbruche kam.

Nun war aber ein gewisser Goßenbrod aus der Stadt Augsburg nach Nördlingen gekommen, der wußte die Bürger mit arglistigen und einnehmenden Worten gegen die Juden zu hetzen. Viele Nördlinger, dazu etliche Weissenburger und Windsheimer Bürger wurden in das Einverständniß gezogen; bald war eine förmliche Verschwörung fertig, die auch am Freitag nach Jakobi 1383 zum Ausbruche kam. Es war ein gräßliches Morden in der Stadt; über zweihundert Juden wurden erschlagen, selbst ihre Weiber und Kinder nicht verschont.

Dieses Alles war aber ohne Wissen und Willen des Rathes geschehen, der sogleich eine Untersuchung anstellen, die Rädelsführer verhaften und elf Bürger zum Tode verurtheilen und hinrichten ließ. Hans Goßenbrod selbst hatte die Bürger verrathen, sich sodann aus dem Staube gemacht und nach Augsburg geflüchtet, woselbst er jedoch bald den Lohn seiner Frevel fand. Denn als er eines Tages zum Thore hinaus reiten wollte, schwoll ihm plötzlich der Hals und die Zunge, womit er die Nördlinger verführt und verrathen hatte, so gewaltsam an, daß er in wenigen Minuten erstickte.

Für Nördlingen sollte diese Judenschlacht die übelsten Folgen haben. Zuerst mußte man den Kaiser mit schwerem Gelde versöhnen, sodann hatte man sich die Adeligen zu Feinden gemacht, welche die Gelegenheit benützten, ihrem Hasse gegen die Stadt in allerhand Fehden und Plackereien Luft zu machen, indem sie vorgaben, viele ihrer kostbaren, an die Juden versetzten, Pfänder nicht zurück erhalten zu haben.

PFALZGRAF PHILIPP WILHELM ZU NEUBURG

Philipp Wilhelm, Pfalzgraf zu Neuburg, hegte lebenslänglich eine große Verehrung zum heil. Michael. Die Ursache war folgende: Ein Bauer, welcher in großer Noth war, traf auf dem Felde unweit Neuburg einen Jüngling, der sich Michael nannte und ihn um die Ursache seines Kummers befragte. Der Bedrängte klagte ihm seine Noth, worauf ihn der Jüngling ermahnte, zum Pfalzgrafen in die Residenz zu gehen, um ein Almosen zu bitten, und den Hofbedienten aufzutragen, den jungen

Prinzen, Philipp Wilhelm, in ein anderes Zimmer zu bringen. Die Ursache dieser Vorsorge werde die Zeit lehren, seinem Kummer aber werde sodann abgeholfen werden. Der Bauer that, wie ihm gerathen, man wunderte sich bei Hofe über den Auftrag, fand aber nach näherer Besichtigung die Zimmerdecke baufällig, und beschloß dem Rathe Folge zu leisten. Die Decke ist bald darauf eingestürzt.

Derselbige Philipp Wilhelm war sehr freigiebig gegen die Armen und trug immer einen Almosenbeutel bei sich. Als er einmal bei Wien auf einer Wildschweinjagd war und von einem Eber angefallen wurde, geschah es, daß der Zahn des Wildschweins gerade den Almosenbeutel traf und der Herzog dadurch schadlos blieb.

STÖRCHE KÜNDEN DEN DREISSIGJÄHRIGEN KRIEG AN

Anno 1632 begab sich der Zufall, daß sechzehn Störche um die auf der Residenz zu Neuburg sich damals befindlichen Storchennester stritten und gleichsam Krieg zu führen begannen. Bald gewann diese, bald jene Partei die Oberhand, doch behaupteten am Ende jene den Besitz, welche schon vorher die Nester eingenommen hatten. Einer jedoch und zwar der größte aus ihnen, setzte sich vor dem Abzuge auf jenen Theil des Daches, womit die Wohnung, in der sich nachmals der König Gustav Adolph von Schweden aufhielt, bedeckt war, flog aber nach einiger Zeit auch wieder hinweg. Auf einer alten Abbildung der Stadt Neuburg bei Merian sieht man noch einen Storch auf diesem Dache stehen, eine Anspielung auf obige Begebenheit, die, wie der Chronist beifügt, bei den alten Heiden große Bedeutnusse, bei Christen aber wenig Aufmerksamkeit verdient. Doch hat man Beispiele, daß sich die Störche vor ihrer gewöhnlichen Zeit aus etlichen Städten begaben, wann dieselben einen großen Ruin erlitten.

DAS ALTE HAUS BEI AICHA

Hinter der zur Pfarrei Wellheim gehörigen Filiale Aicha erhebt sich in dunkler Buchenwaldung ein schauerlich steiler Felsen, dessen Platte mit Buchen und uralten Eichen bewachsen, die Ruinen der uralten Veste des alten Hauses im Loche oder Altenstein trägt. Öde und verlassen sehen die Trümmer der Veste auf dieser steilen Höhe in die wenig belebte aber reizende Landschaft hinaus, während das helle Grün des Epheu, dessen Stämme armsdick sich an den Felsen herabranken, das Auge erquickt. So dürftige geschichtliche Notizen sich über die Burg vorfinden, so lebt doch manche sagenhafte Überlieferung, die wir hier treulich aus dem Munde des Volkes wiedergeben. – Vor Alters hot auf der olten Bürg, die den Pflegern z' Kunstan g'hört hot, Aner, Groß hot er sie g'schriebn, a Fraüla ghot, is kaum sei anzigs Kind gwest, die nit allan arm sondern a unmügli wüast u mit feuerrothe Haar bhaft gwest is. Dorüber hot sie dös Fraüla unmügli kränkt. Do kommt ihr a mol a Jager im Holz z' entgegen u frogts, worum S' denn gor so trauri wär. Schads wohl, hots Fraüla gsogt, weil i nit schö bin u kan Geld hob. Sogt der Jager, bold mir Dein Seel verpfändst af 3 Jahr, so moch i di schön u reich a. S'Fraüla frogt ihn wer er sey. Drauf sogt der Jager, wenn d' mein Noma inne werst, so schenk i dir dei Seel; die i nach 3 Johren holen thue. Dös war dem Fraüla recht, und glei drauf is schön woren u reich a, u es san grods gnug komma, dies hobn heirathen wollen. Endli ruckt d'Zeit on, wo der Jager ihr Seel hot holen wollen; S' Fraüla hot aber unter der Zeit gheirath ghot, u glückli mit ihrem Mon glebt, izat is ihr aber Angst woren u do hot sie d' ganz Gschicht ihrm olten Jager onvertraut. Der is glei Tog u Nocht im Holz rumglafa u hot überoll den Jager gsucht, endli hot er anmol an Zwerg gsegen, der af Bürg zugieng u voll Freuden in d' Höh sprang u asrief: Wie mi dös Ding jezt freut, daß s' Fraüla no net weiß, daß i *Silfingerl* heiß. Jezt war dem Jager gholfa, er is glei voranglafa, hots seiner Fra gsogt, wos er gsegen u ghört hot, u wie der Teufel komma is, hots sie ihm glei bey sei'm Noma ongredt, aus lauter Zorn is der Teufel fort, daß dganz Burg zittert hot u hot an solche Gstank hinterloßen, daß Niemands mehr hot drin wohna können. No wachsen Pflanzle dorum, die ma Silfingerl hoast u die a bisla viel stinken, bsonders bold mans reibt. Af der verwünschten Bürg aber segn d' Herten u Köhler, bsonders zu heilinge Zeiten, an grausamen Spuck u lüftigen Tanz von die Geister; worunter der Silfingerl allemol dabei is, u ohne s' Kreuz z' mochen, geht gwiß kan Mensch af die olt Bürg.

DER ST. WILLIBALDSBRUNNEN

Bei dem Ittstätter Hof, dem einzigen von dem ehemaligen Pfarrdorfe Ittstätten bestehenden Weiler nächst Kloster Bergen, flößt das Heilig- und Brunnenholz, deßwegen so genannt, weil sich in demselben der St. Willibaldsbrunnen befindet, zusammen. Der St. Willibaldsbrunnen ist ein sechzehn Fuß im Umfange messender Felsen, der nur zwei Fuß aus der Erde hervorragt und mehrere Löcher von verschiedener Größe und Tiefe hat, die stets mit Wasser gefüllt sind. In der größten Sommerhitze trocknen diese oft über drei Schuh tiefe Höhlungen nie aus, und wenn sie auch mit Fleiß ausgeschöpft werden, wie dieß der Fall einmal war, so sind sie doch sogleich wieder voll. Die Volkssage berichtet hierüber, daß der heilige Willibald hier auf seiner Reise mit seinem Pferde gestürzt sei, und daß diese Löcher die Eindrücke des gefallenen Rosses seien. 1750 wurde zu diesem Brunnen eine Kapelle neu erbaut, die mit der hölzernen Bildsäule des heiligen Willibald und manchen Votivtafeln versehen ist, worunter auf einer derselben die Sage abgebildet ist. Vormals war dieser Brunnen mit Stauden und Hecken eingefriedigt und nur den Jägern und Anwohnern bekannt, wie dieß Christoph *Schachner* S. J. in seinem »heilsamen Oehlbrunn der heiligen Walburg, Ingolstadt 1621,« bezeugt.

Wie der heilige Willibald so ist auch der heilige Wunibald, dessen Bruder, durch einen Brunnen verewigt. In dem ehemaligen Klostergarten zu Heidenheim zeigt man den Wunibalds- oder Heidenbrunnen, mit dessen Wasser St. Wunibald die heidnischen Bewohner dieser Gegend taufte.

WUNDERBARES KREUZ ZU MAUERN

Am Eingange des romantischen Hütinger Thales erhebt sich auf einer Anhöhe die schöne Pfarrkirche von Mauern mit ihrem bedeutend hohen Thurme. Im Innern dieser Kirche befindet sich ein uraltes Cruzifix von Holz und über demselben die Aufschrift: »den Gekreuzigten ganz nett, stellet für dieses Contrafät.« Von diesem

Kreuze erzählen alte Schriften folgende merkwürdige Begebenheit: Als Herzog Ott Heinrich im Jahre 1542 Luthers Lehre in der Pfalz Neuburg gewaltsam einführte, wurden alle Gemälde, Statuen, gemalte Fenster und was dergleichen war, in den Kirchen als abgöttisch Werk zerstört. Die Visitationscommission kam auch nach Mauern, nahm das alte Cruzifix und warf es ins Feuer, aber siehe da, es verbrannte nicht. Ein frommer Mann nahm es heraus, verbarg es bei sich im Hause und als die katholische Religion wieder eingeführt wurde, ward das Cruzifix auf den Altar gestellt, wo es noch heute zu sehen ist, und öfter von Wallfahrern besucht wird. An beiden Seiten der äußern Kirchenmauern befinden sich römische Monumente, worunter das eine einen Römer und eine Römerin in Lebensgröße vorstellt, welche das Volk für Heilige hielt und deßwegen schonte.

DIE STEINERNEN KÖPFE AN DER KIRCHE ZU BERGEN

Eine Stunde nordwärts von Neuburg a.d. Donau liegt das Pfarrdorf Bergen oder Baring, mit einer im Jahre 1542 aufgelösten Benediktiner-Abtei und einer ungemein großen majestätischen Kirche. Hinter derselben befindet sich ein Anbau von drei Rundellen, noch ein Ueberbleibsel der alten Kirche. An diesem sieht man mehrere Steinköpfe von Menschen, darunter sich auch zwei steinerne Ochsenköpfe befinden. Von diesen letztern geht folgende Sage: Als Wilteraud, Kaiser Ottos des Großen Tochter und Wittwe des Herzogs Berthold von Bayern, alt und lebensmüde im Jahre 974 das Frauenkloster Bergen gründete und die Quadersteine zum Kirchenbaue von dem eine halbe Stunde entfernten Hüting herbeikommen ließ, zogen zwei Stiere, ohne Führer und Treiber, wie aus eigenem Antriebe, die Steine an den Bauplatz und kehrten jedesmal wieder mit dem leeren Wagen zum Steinbruche zurück. Zum Andenken an solches Wunder sind die zwei Stierhäupter in Stein angebracht.

DER FEUERHUND IM SCHLOSSE ZU HÜTING

Oben im dunkeln Gewölbgange der Veste von Hüting lagen einst unermeßliche Schätze verborgen, auf denen ein großer feuerspeiender Hund mit glühenden Augen als Wächter ruhte. Es gab vor Zeiten beherzte Männer genug in der Gemeinde, aber keiner hat es gewagt, den Mammon zu erheben. Endlich vor mehr als hundert Jahren stieg ein verwegener Hirtenknabe in das schauerliche Gewölbe. Nach drei Stunden kam er wieder an die Thüröffnung zurück, stürzte aber da sogleich ohnmächtig zusammen. Man brachte ihn mühsam auf der heimlichen Stiege in das Dorf hinab, wo er wieder zum Bewußtsein kam; allein ihm war das Sprachvermögen verschwunden. Er vermochte nur durch Geberden die ihm gewordenen schrecklichen Erscheinungen anzudeuten und starb am dritten Tage. Nun war der Bann gelöst, der Feuerhund mit dem Schatze versunken und die Spuckgeister, die zu heiligen Zeiten die Ruine umschwebten, ließen sich fortan nicht wieder sehen.

Alexander Schöppner stellt dem ersten Band seiner Sagensammlung ein Vorwort voraus, dessen erster Satz bereits für seine Zeit bezeichnend ist: »Seine Majestät Maximilian II., König von Bayern, gewährten mir allerhuldvollst Gelegenheit, dieses Buch, das bei der beschränkten Muße des Lehramtes nur äußerst langsam gedeihen mochte, in verhältnismäßig kurzer Frist zu Stande zu bringen. Dafür sei dem erhabenen Förderer vaterländischer Forschung inniger Dank gesagt ...«

Es ist typisch für jene Jahre, daß auch in diesem Fall König Max II. zum großen Förderer geworden ist. Ihm waren all diese Bestrebungen ohne Frage eine Herzensangelegenheit. Schon zu seiner Hochzeit 1842 waren ja 36 Brautpaare aus allen Gegenden des Königreiches eingeladen worden, um in ihren festlichen Trachten zusammen mit dem bayerischen Kronprinzen Hochzeit zu feiern. Dieses Ereignis war ein klein wenig staatspolitisches Programm; ein Einfall, der ohne die folkloristischen Tendenzen dieser Jahre nicht zu verstehen ist, der die bäuerliche Welt, die bäuerliche Tracht im Bewußtsein der Bürger und Bauern aufwerten sollte. König Max II. verdanken wir das großartige Werk der ›Bavaria-Landes- und Volkskunde‹. Ihm verdanken wir aber auch ein kleines Buch mit alpenländischen Volksliedern, zusammengestellt von Franz von Kobell, das bei der berühmten Fußreise des Königs von Lindau nach Berchtesgaden 1858 zum erstenmal an die Bevölkerung verschenkt worden ist. So ist es auch kein Zufall, daß der König bei Schöppners Sagensammlung ebenfalls Pate gestanden hat.

Alexander Schöppner gibt seinem ›Sagenbuch der Bayrischen Lande‹ sehr bewußt den Untertitel »aus dem

Munde des Volkes, der Chronik und der Dichter«. Er grenzt seine Arbeit auch sehr gewissenhaft ab und meint, es sei nicht seine Absicht, eine Abhandlung über Sagenforschung oder gar über die Poesie der Sagen zu schreiben; er habe sich zunächst einmal nur die Aufgabe gestellt, Sagen zu sammeln.

Sagen wieder in das Bewußtsein der sogenannten ›gebildeten Welt‹ gebracht zu haben, ist das Verdienst der Romantiker und der Germanisten. Zusammen mit Märchen und Legenden waren diese nämlich schon in den Jahrzehnten des ausgehenden 18. Jahrhunderts von den Aufklärern in das Reich des Aberglaubens und Hokuspokus eingeordnet worden. Wer sie voller Überzeugung erzählt hat, ist im glücklichsten Fall mitleidig belächelt worden. Schöppner schreibt in diesem Zusammenhang einen Satz, der auch heute entstanden sein könnte: »... Ein späteres Geschlecht – jener Periode, da man mit dem Aberglauben zugleich den Glauben austrieb – hielt solcherlei Dinge nicht mehr der Rede werth.« Schöppner zitiert in diesem Zusammenhang A. Kuhn und W. Schwartz, die damals schon in Norddeutschland gesammelt haben, »... das hat ein halbstädtischer Bauer gar treffend gesagt: ›Der alte Fritz hat die Zwerge verjagt, aber Napoleon hat allen Spuk aus dem Lande vertrieben‹ ...«

Gerade Napoleon hat aber auch das ›teutsche‹ Bewußtsein geweckt. Der gemeinsame Widerstand gegen ihn hat auch diesen raschen und seltsamen Umschwung in der deutschen Literatur mit ausgelöst. Schöppner sieht das sehr genau: »... an die Stelle der französischen Verstandeseinseitigkeit trat eine bis an Fieberhitze grenzende Gefühlsinnigkeit«. Nun war mit einem Mal das deutsche Mittelalter gefragt, und mit ihm die nun nicht mehr verpönten, sondern neuentdeckten Sagen und Märchen. Forscher und Dichter machten sich auf den Weg, Sagen zu sammeln. Was vorher der Verachtung preisgegeben war, kommt beim Volk erneut, bei der hohen Wissenschaft aber zum erstenmal zu Ehren. So wurden in deutschen Landen, auch in Bayern, Stimmen laut, die forderten, man möge doch Sagen und Legenden sammeln. Schöppner nennt in diesem Zusammenhang Namen wie Radlof und Docen. Aber auf diese Stimmen scheint niemand sonderlich gehört zu haben. Das Sammeln im Volk ist durch die Abwertung, die Ablehnung der letzten Jahrzehnte zudem nicht leichter geworden. Es mißtraute sammelnden Studierten, denn wer hat schon das Risiko eingehen mögen, am Ende verspottet zu werden?

Trotzdem erscheinen die ersten Sagensammlungen. Allerdings sind meist die Grenzen regional recht eng gezogen. Sagen werden erstmals in Reisebüchern abgedruckt, auch in Landes- und Ortsbeschreibungen, als Zugabe und Beispiele von Volkspoesie. Schöppner hat sicher gut daran getan, solche literarischen Quellen in seine Sammlung mit aufzunehmen, auch wenn das so manchem Zeitgenossen nicht so recht gepaßt haben mag. Er begründet auch, warum er solche Sagen in seine Sammlung mit aufnimmt: »... Nicht der Chronikschreiber hat die Sage erfunden und gemacht; sie existierte vielmehr im Volke, der Chronikschreiber fand sie schon vor und theilte sie nur weiter mit«. Solche Vorwürfe scheinen damals weit verbreitet gewesen zu sein, denn Schöppner zitiert als Kronzeugen zum gleichen Problem einen Herrn Temme, der in Berlin 1840 Volkssagen von Pommern und Rügen veröffentlicht hat: »Ob dieses ursprüngliche Erzählen von Einem aus dem Volke oder von einem Chronisten ausgegangen ist, bleibt gleichgültig, denn die Sage ist nur dadurch geworden, daß das Volk sie in sich aufnahm, sie als einen denkschienen. Da nennt er mit Hochachtung Ludwig Bechsteins ›Sagen des Rhöngebirges und des Grabfeldes‹ (Würzburg 1842) oder Adalbert von Herrleins ›Sagen des Spessarts‹ (Aschaffenburg 1851). Es gibt übrigens damals schon Sagen aus der Oberpfalz und den Nachbargebieten in Form von Gedichten ›in altbayerischer Mundart‹: J. A. Pankofer hat sie in zwei Bänden 1846 in München veröffentlicht. Voller Lob ist Schöppner auch für L. Mittermaier, der Sagen schwäbischer Städte gesammelt hat.

Allen diesen Veröffentlichungen ist aber eines gemeinsam: es sind regionale Sammlungen, keine umfaßt das ganze Königreich. Hier nun setzt das große Verdienst Schöppners ein. Er will eine umfangreiche Sagensammlung für das ganze Bayern herausbringen, dabei nutzt er alle Quellen. Er sammelt selber, draußen im Land, er betreibt also, wie wir heute sagen würden, Feldforschung. Aber er durchsucht und sichtet auch alle Broschüren, Reisebeschreibungen, kleinen Sagensammlungen, Zeitungsbeilagen, die er bekommen kann, und stößt dabei auf eine Fülle von Material. Er wählt behutsam und kritisch aus. Wenn man Schöppners Sagenbücher durchblättert, sieht man schon, wen er für würdig hält, in seine Sammlung aufgenommen zu werden. Da finden wir Ludwig Steub oder Franz von Kobell, da sind Namen wie Panzer und Döderlein, Ertl oder Gustav Schwab, Platen oder Adalbert Müller, Simrock, Braunfels oder Zapf, um wenigstens ein paar von den vielen zu nennen, aus deren Arbeiten Schöppner die Sagen für seine Sammlung ausgewählt hat.

Schon zu Schöppners Zeiten besteht die ewig alte, ewig junge Spannung zwischen Wissenschaftlern und Praktikern, zwischen Auswertung und Deutung einerseits und dem Sammeln und Wiederverbreiten andererseits. Schöppner meint so nett: »... etliche Sagenforscher hatten die Gelehrten, etliche das Volk, etliche beide zugleich vor Augen«. Er entscheidet sich dafür, »... dem Volk diesen Sagenschatz des Vaterlandes in die Hand zu geben«. Wenig später schreibt er wiederum Sätze, die heute geschrieben sein könnten: Die Sage habe für das Volk »unverkennbaren ethischen Werth ...« und »... die Sage ist die eigentliche und echte Volkspoesie. Diese neben dem religiösen Glauben hat eine viel höhere Bedeutung für die Veredlung und Sittigung des Volkes, als Leute, welche neuerdings für die Abhilfe der Nothstände des Volkes geschrieben, vermuten. In dem Grade, als trostlose Afterbildung und sogenannte Aufklärung das Volk seines Bemüts- und Gefühlslebens beraubte, hat der Materialismus, die Ungenügsamkeit und die Unseligkeit zugenommen. Die Aufgabe der Lehrer und Erzieher des Volkes wird es sein, gegenüber dürrer Verstandescultur und einseitiger Unterrichterei mit allen Mitteln auf die Bewahrung eines der Natur des Volkes gemäßen edlen Gemütslebens hinzuwirken ...«

Wie sich die Bilder gleichen. Ist in den letzten Jahren, in der Aufklärungswelle unserer Tage, nicht auch das Hirn zum Maß aller Dinge geworden? Wie lang hat es gedauert, bis sich erst jetzt zögernd die Erkenntnis durchsetzt, den ganzen Menschen könne vielleicht doch auch noch etwas anderes ausmachen als nur das Hirn? Das Wegwerfen der letzten Erfahrungswerte ist unserer Generation vorbehalten geblieben. Von den Glaubenserfahrungen will ich gar nicht erst reden. Und fühlen wir uns nicht hoch erhaben über die Erkenntnisse eines Ludwig Bechstein, der den ethischen Wert der deutschen Volkssagen hoch einschätzt und meint: »Die Kindheit steht unter Engelschutz, die Unschult unter Gottes Hut; Tugend findet ihren Lohn, das Laster stets seine Strafe.« Nie schildert die echte Volkssage das Laster reizend. Zu alldem aber wird die bedrängte Unschuld gerettet, findet ehrliche Reue immer Versöhnung.

Auch zu Schöppners Zeiten hat es viele ganz Gescheite gegeben, die all das entsetzlich primitiv gefunden haben, die nicht haben begreifen wollen, warum Schöppner seine Sagen auch nach diesen Gesichtspunkten ausgewählt hat. »... dieser erklärten Hauptrücksicht meines Sagenbuches auf einen größeren Leserkreis aus dem Volk widerstreitet die wissenschaftliche Rücksicht so wenig, daß ich nur auf Grimm's Sammlung oder zehn andere hinweisen darf, um den augenscheinlichen Beweis zu liefern, wie gut sich jene beiderseitigen Anforderungen vereinigen lassen«.

Noch etwas zur Darstellung der Sagen, zu ihrer Abgrenzung und Anordnung. Schöppner hat sich zur Devise gemacht: »Das Erste und Heiligste war mir Treue und Wahrheit« – also die Genauigkeit der Überlieferung. Deshalb mustert er aus allen Sammlungen die »romantisch umgekleideten« Sagen aus. Er schreibt nicht um, er zitiert, und er rechtfertigt Sagen aus dem Mund der Dichter. Sicher, es ist wahr, daß Dichter des 19. Jahrhunderts Sagen oft genug verfälscht haben, aber eben nicht jeder. Es gäbe genug glaubwürdige Dichter wie Achim von Arnim oder Clemens Brentano, Chamisso oder Geibel, Kerner, Rükkert oder Schlegel. Und holprige Gedichte habe er nur dann in seine Sammlung aufgenommen, wenn die Sage von besonderer Bedeutung war.

Zur Abgrenzung seiner Sammlung meint Schöppner, er habe es wie die Brüder Grimm gehalten und die deutschen Heldensagen ausgeklammert. Dagegen übernimmt er mit Vorsicht und Auswahl Heiligen- und Wundersagen, also Legenden, weil »die meisten Sagensammler gerade dieses Gebiet auffallend vernachlässigt« haben. Er wählt nach folgendem Gesichtspunkt aus: wird eine Legende nur in einer Schrift überliefert, so scheidet sie aus. Sie muß vom Volk tatsächlich erzählt werden.

Schwierig ist es für Schöppner, manchmal sogar unmöglich, eine saubere Grenze zwischen Geschichte und Sage zu ziehen, denn hier ist die Sage oft nichts anderes als die lebendige mündliche Überlieferung neben der urkundlich nachgewiesenen Geschichte. So vermeidet er in seinem Werk auch das Märchen; das Märchen, das ja im Grund reines Spiel der Phantasie ist, willkürlich versetzbar, im Gegensatz zur Sage, die, wenn manchmal auch nur mit wenigen Fasern, in historischem Boden verwurzelt ist.

Es war damals höchste Zeit, Sagen zu sammeln. »Es drängt die Aufsuchung und Sammlung dieser Schätze umso mehr, als die alte Zeit und mit ihr die alte Sage gleich einer schwindenden Burg hinabsinkt und ein Stein um den andern sich ablöst. Wo vollends Heerstraßen und Eisenbahnen die Landstriche, vorab der Ebene durchziehen, ist die Sage gar merklich im Abnehmen begriffen. Denn hier hat die Aftercultur tabula rasa gemacht und mit dem Aberglauben die Poesie verscheucht, also daß keine Zeit zu verlieren, der enteilenden nachzugehen, weil binnen Kurzem vielleicht der eifrigste Forscher ›anstatt der Rosen nur mehr dürre Halmen und stachlichte Hagenbutten findet‹.«

Die Auswahl und Reihenfolge einer so riesigen Sammlung hat so manches Problem aufgeworfen. Das alphabetisch-topographische Prinzip wäre zum Nachschlagen vielleicht günstiger gewesen, aber dann wären Sagenkreise wie zum Beispiel jener um Karl den Großen auseinandergefallen; zudem handelt so manche Sage nicht so sehr von einem bestimmten Ort, sondern von einer Gegend, von einem Fluß, von einem Geschlecht.

Schöppner wird das Ordnen schwer. Nach Orten will er seine Sagen nicht ordnen, in Gruppen von Zwergen-, Wunder-, Hexen- oder Versteinerungssagen auch nicht. So bleibt ihm am Ende eigentlich eine Folge, die für uns heute nicht so leicht zu durchschauen, zu verstehen ist. Aber was macht das schon, nachdem der dritte Band seines ›Sagenbuches der Bayerischen Lande‹ neben dem jeweiligen Inhaltsverzeichnis mit einem umfangreichen Sach- und Ortsregister endet. Dazu ein Verzeichnis der Autoren und eine Zusammenstellung, in welchem Regierungsbezirk der jeweilige Ort zu finden ist.

An dieser Stelle sei auch etwas gesagt zu den Überlegungen, die das Erscheinen dieser Sagensammlung begleitet haben: Diese Auswahl soll bayerische Sagen wieder in das Bewußtsein unserer Landsleute zurückbringen, vor allem aber auch den Namen dessen, dem wir diese erste bayerische Sagensammlung verdanken: Alexander Schöppner. Wenn Schöppner seinerzeit etwas verärgert meint, es sei an der Zeit, in der Schule »... Stoffe ... mehr im Bereich der Heimat als in Hindustan und in China, in Lappland und Sibirien zu suchen«, so fragt man sich heute: was hat sich daran eigentlich geändert? Nichts! Wenn im Rundfunk oder in Zeitungen einmal von Sagen die Rede ist, dann von überall auf der Welt, nur nicht von Bayern. Vom Unterricht in der Schule ganz zu schweigen.

Wir haben es mit der Reihenfolge leichter gehabt und, bedingt durch die Auswahl, die topographische Ordnung wählen können. Sagen, die einander ähnlich sind, haben wir vermeiden und vor allem dort auswählen müssen, wo eine Überfülle von Sagen zu finden ist, um Gegenden zum

Zug kommen zu lassen, in denen nur wenige Sagen, oder gar nur eine einzige in Schöppners Sammlung zu finden ist. Wir haben dabei die alte Gebietsordnung beibehalten. So ist also Neuburg bei Schwaben zu finden, Hohenschwangau in Oberbayern, Eichstätt in Mittelfranken – wie es eben zu Alexander Schöppners Zeiten gewesen ist. Auch an der zuweilen ètwas uneinheitlichen Orthographie haben wir nichts geändert.

Da eine vollständige Neuausgabe des dreibändigen Schöppnerschen Werkes viele unserer Landsleute wohl nur etwas zögernd angenommen hätten, haben wir die illustrierte Auswahl vorgezogen – eine Form, von der wir hoffen, daß sie Freude machen wird, daß dieses und die übrigen Bücher jung und alt gern in die Hand nehmen werden.

In den Bänden ›Sagen aus Bayern‹ wird bewußt auf Quellenangaben verzichtet, da für eine wissenschaftliche Beschäftigung mit bayerischen Sagen in jedem Fall das Schöppnersche Original herangezogen werden muß. Dessen Numerierung ist im Inhaltsverzeichnis jeweils in Klammern beigefügt.